コーダ
私たちの多様な語り

聞こえない親と聞こえる子どもとまわりの人々

CODA

澁谷智子 編

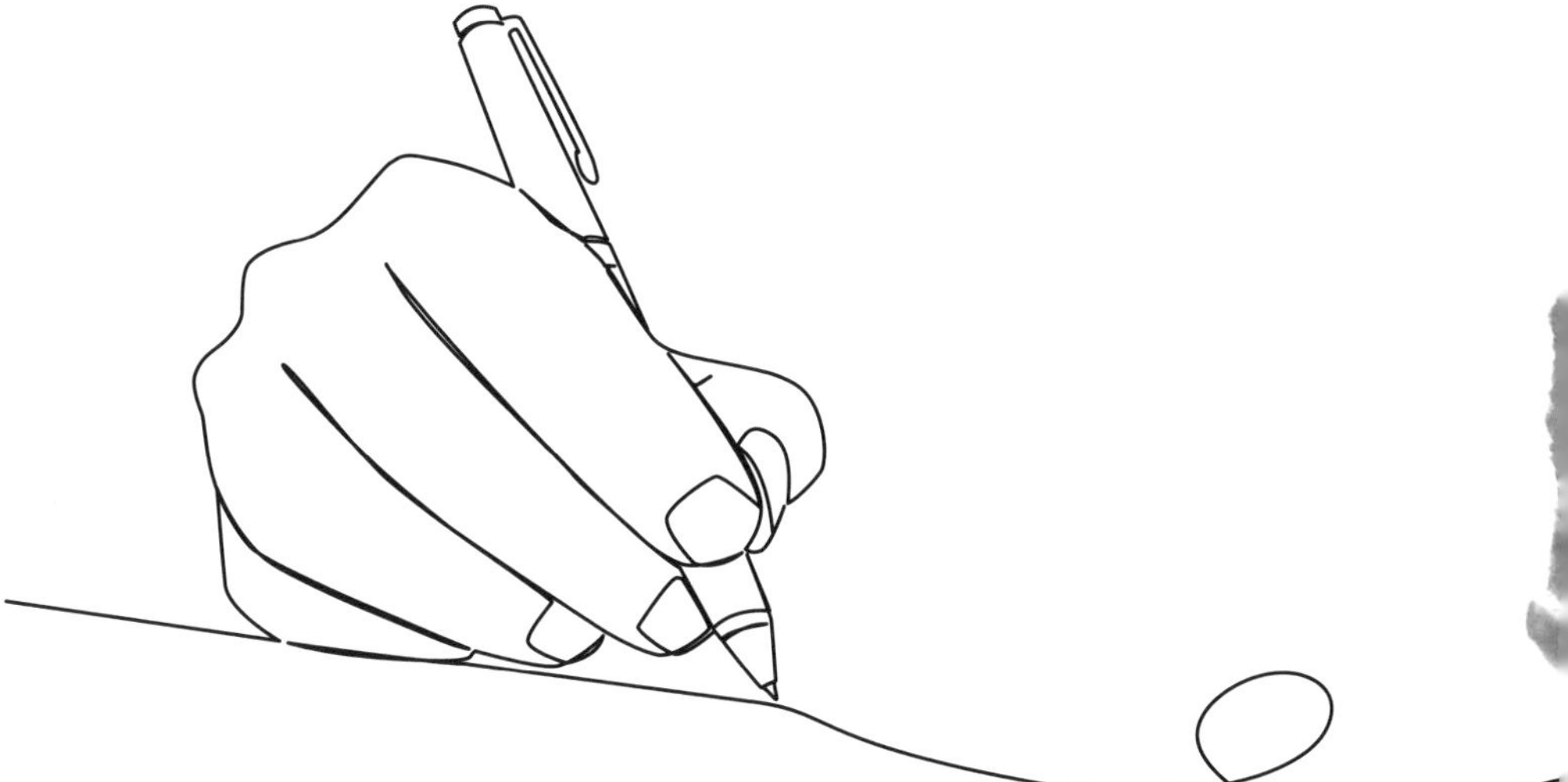

はじめに

澁谷智子

コーダ（CODA）とは、聞こえない親を持つ聞こえる子どものことを言います。Children Of Deaf Adults の頭文字をとった言葉です。

二〇二一年に制作された映画『コーダ　あいのうた』では、家族の中でただ一人聞こえる人として、聞こえない両親と聞こえない兄のサポートをしてきた少女ルビーの物語が描かれました。作品賞、脚色賞、助演男優賞の三部門で第九四回アカデミー賞を受賞したこの映画は、監督のシアン・ヘダーがアメリカ手話を学び、ろう者のキャスティングにこだわったことでも知られています。聞こえないろう者の役をろうの俳優たちが演じ、聞こえない父親を演じたトロイ・コッツァーが助演男優賞を受賞したことは大きな話題となりました。ろう者の姿はより自然に表現され、聞こえない親を持つコーダにとっても、この映画はさまざまな感情を引き起こす作品となったようです。

しかし、この映画が高い評価を受けたからこそ、主人公ルビーのイメージが「コーダ」のイメージとして広まりすぎてしまった面もあります。実際には、聞こえない人もコーダも多様です。一口に「聞こえない人」と言っても、いつ聞こえなくなったのか、まったく聞こえないのか／難聴か、家族や親族に聞こえない人が複数いるか、メインに使うコミュニケーション手段は手話か／口話か、どんな教育を受けたか、どんな人間関係の中で暮らしているか、どんな地域に住んでいるか、どんな仕事をしているか、聞こえないことをどう捉えているかなどによって、その生き方はかなり違っています。コーダはさらに多様です。両親が聞こえないのか、片方の親だけが聞こえないのか、叔父や叔母や祖父母やきょうだいに聞こえない人はいるか、その聞こえない人たちはろう学校出身か／聞こえる人の学校に行ったのか、家の中ではどんなコミュニケーション方法を使っているか、親は聞こえない人たちとの付き合いをどれぐらいしているか、親はどんな考え方を持っているか、祖父母や親戚との関係はどうか、きょうだいはいるか、どんな家族構成か。こうした要素によって、コーダの経験はかなり異なります。映画の中でルビーは家族と手話で話していましたが、家では手話を使わないというコーダもいます。ルビーは両親も兄も聞こえませんが、お父さんだけ聞こえないというコーダもいます。通訳をあまり経験したことのないコーダもいます。しかし、「コーダ　あいのうた」のようなパワーのあるストーリーは、現実のこうしたコーダの多様性を見えにくくしてしまいます。

近年では、コーダを「ヤングケアラー」と捉える見方もありますが、これもすべてのコーダに当てはまるわけではありません。確かに、コーダの中には、子どもでありながら、大人の会話や難しい情報を常に通訳しなければならなかった人もいます。でも、聞こえない親を持つ聞こえる子どもをみんな「ヤングケアラー」と捉えてしまうのは違うと思います。聞こえない親と聞こえる子どもが同居していれば、生活の中で子どもが通訳をすることは日常的にあり、双方が感じる不便はあるかもしれませんが、子どもが年齢に合わない過度な負担を負い、そのことで子どもらしい生活ができなくなっているかというと、そうではない家族が多いような気がします。むしろ、コーダが苦労しているのは、親が聞こえないことを特別視する社会のまなざしや、「かわいそう」とか「大変」という目線を向けてくる周囲に対してのほうかもしれません。周囲の大人がコーダの年齢や「できること」、子どもとしての思いを気に掛けることなく、通訳や状況判断をコーダに頼っていけば、コーダは「ヤングケアラー」になっていきます。でも、親や周囲がその点を意識していれば、過度な負担がコーダにかかることは回避できます。

コーダを扱った映画やドラマが流行り、「ヤングケアラー」という言葉が広まってきた近年では、現実世界を生きるコーダたちは、その先入観で見られてしまいがちです。「ドラマとか映画の印象をそのまま私たちに当てはめられるのは、ちょっと怖い」と語るコーダもいます。時代の違い、国の違い、地域の違い、家族の違い、教育的背景の違い、個人の性格の違いなどが見過ごされたまま、「親が聞こえない」という一点をもって、他のコーダのイメージで理解されたかのように捉えられてしまうのは、個々のコーダにとってつらい状況になっていることもあります。

この本では、そうしたことをふまえ、年齢も性別も住んでいる地域も違う六人のコーダが、それぞれに書いた話をまとめました。

第1章では、今年社会人になったばかりの曾田純平さんが、コーダであるということを自分がどう捉えてきたか、小学校高学年ぐらいから現在に至るまでを振り返って分析しています。「コーダ」というカテゴリーがピンと来なかった時期、「コーダ」というアイデンティティを意識しすぎた時期、「コーダ」というのは自分という人間の一部であると感じられるようになった時期……。進学や就職など、さまざまなライフステージを経ながら、まだまだ模索は続きます。コーダｔｖという動画配信を定期的に行ってこられた曾田さんならではの、自分や家族の話から社会の構造を冷静に分析する視点が魅力的です。

第２章では、三〇代の安東明珠花さんが、子どもの頃の経験や感じていたことなどについて姉と妹にインタビューし、同じ親の下で育ったきょうだいでもこんなに違っていたんだという発見を綴っています。「コーダ」という言葉を知った年齢やライフステージ、ろう者との関わり、学校の参観日や面談などに手話通訳者が来ることをどう感じていたかなど、違いは多くありましたが、思春期に手話に対して距離を持ち、その後抵抗感がなくなった点は、三姉妹に共通していました。それはなぜだろうという点にも、安東さんは切り込んでいます。

第３章では、二〇代後半の井戸上勝一さんが、野球少年だった小学生～高校生の頃、祖父や母の病気と直面した大学時代の経験をきっかけに自分の人生を知りたくて障害福祉の領域で働き始めたこと、その後転職してろうや難聴の子どもたちの教育に関わるようになり、さらに新しい世界を知っていったことなどをまとめています。目の前の事柄に一生懸命取り組む中で、家族との関係がさらに奥行をもって見えてきたという井戸上さんの実感がこもっています。

第4章は、一九七〇年代生まれの田中誠さんが、聞こえない親と自分が使ってきた通信機器という切り口から、親とのコミュニケーションや関わり方、通訳の経験について書いています。電話やファックス、文字放送、ワープロ、パソコン……情報を伝えるさまざまな技術の革新がコーダとその家族にどう経験されたのか、「新しく出てきたものは、とりあえず触ってみて、機能を試してみる」積み重ねの中で身についた行動など、技術に注目してコーダを描いた田中さんの視点はとても斬新です。特定の切り口から体験を淡々と語る手法、短めの文章のまとまりを重ねていくあり方、通信技術や映像技術への期待など、いろいろな意味で「ろう者の世界」を感じさせる文章です。年配のろう者にも読んでもらえたら、という田中さんの思いが伝わってきます。

第5章は、四〇代の遠藤しおみさんが、聞こえない親と共に暮らす中で見聞きしてきたこと、「聞こえない世界」と「聞こえる世界」のふたつの世界の間で感じてきた思い、「コーダ」という言葉によってつながれた仲間、自分にとって手話で話すことの意味などについて綴っています。遠藤さんの文章は、聞こえない人への理解がまだ充分になかった時代、聞こえない親が感じた悔しさや不条理さを目の当たりにし、その痛みをともに感じ、「境界人」としての葛藤をかなり体験してきたコーダの語りと言えるでしょう。その語りに共鳴する中高年コーダは多いと思います。

第6章は、五〇代の中津真美さんが、親の介護と看取りというテーマから、聞こえない親とコーダの関係を論じています。親の通院や入院にあたって誰が通訳するのか、通訳の派遣制度や病院との関わり、さまざまな「決定」をしなくてはならないこと、看取りの後にも押し寄せる通訳役割と「家族」としての感情……。親が老いてさまざまなケアを必要としていく時、コーダにとって通訳の役割は、子どもの頃とはまた別の様相をもって立ち現れてきます。ご自身のお父さんの看取りの経験を描き、手探りで親の介護をする他のコーダにとってそれが「自分なりの家族の形を見つけていくための一つの手立てとなれば」と綴る中津さんの言葉がじんわり来ます。

「こういう本が作りたかった」。

原稿が集まってくる中で率直に感じたのはその思いでした。当たり前ですが、それぞれのコーダたちがそれぞれに書けば、こうも多様な内容が集まるのだと感じます。それでいながら、そこには、コーダであるという共通点が一本の筋として確かに通っているのです。読者の皆様にも、六人のコーダが書いた文章をじっくりと読んで頂き、それを実感して頂ければと思います。

コーダ　私たちの多様な語り

聞こえない親と聞こえる子どもとまわりの人々

目次

第3章　対話とともに変わった家族像

井戸上勝一

第4章　コーダから見た情報通信技術の進化とこれから　田中 誠

第5章　コーダの言語獲得と仲間との出会い

遠藤しおみ

第6章　聞こえない親の看取り介護と向き合うとき　中津真美

第1章

コーダであることの捉え方の変遷

會田純平

「コーダ」という言葉を知っても……

僕が「コーダ」という言葉を知ったのは、小学校高学年から中学生にかけての時期だったと記憶しています。両親から自分はコーダなのだと教えてもらいました。その時の僕の反応といえば、「コーダね。ふーん」といったようなものでした。両親にしてみれば肩透かしを食らった感じでしょうか。僕にとっては聞こえない両親がいることは当たり前のことでした。ですから、そんな自分の境遇に名前があると知っても何も感じませんでした。

僕は五人家族の長男です。両親は共に聞こえず、二人の弟は共に聞こえます。家族の中では主に口話で話しています。僕が両親に話す時は、口をゆっくり大きく開けながら声を出しています。所々手を動かして手話の単語を補う時もあります。そして両親が僕に話しかける時も、基本的には声を出しながら手話をしています。母親に比べて、父親の方が手話の割合が高く、声を出さない時もあります。僕と弟が話す時は、他の聞こえる人と同じように声で話します。親同士が話す時は手話を用いて話しますが、他の家族内での会話は手話よりも声がメインです。親の手話は読み取れても、自分で手話を表出することはほとんどできませんでした。このような事情から、僕にとって手話は近くにあって遠いものでした。

手話を話す聞こえない人たちについても同じでした。小さい時は、親に連れ添ってろう者の集まりに行く機会がありました。ろう者が手話で自分に話しかけてきた内容はなんとなくわかりますが、自分でろう者に手話を用いて伝えることはできませんでした。ろう者が僕に話しかけてきた時はまず、ゆっくり声で話してなんとなく会話を続けようとしたものです。でも、会話が二・三ラリー続くと、それまでなんとなく理解していた話の内容がどんどんわからなくなっていきます。そんな時は、そばにいる親の顔を見ます。そうすると、僕が会話の内容をわかっていないのを両親が察して、両親がろう者と僕の間に立って通訳をしてくれます。このような方法で、僕はろう者と親を介して会話をしていました。

ろう者同士の会話となると手話が早くて複雑になるので、僕には理解ができません。手話という言葉は自分の生活圏に確かに存在するものの、手話のコミュニティに親近感を覚えることはありませんでした。

それに、僕はコーダとして通訳をそれほど担ってきませんでした。これも手話や手話コミュニティとの距離を感じていた理由の一つだと思います。両親には、子どもは自分たちの通訳じゃないのだから、あくまで自分たちの子どもとして育てたいという思いがあったようです。僕がしてきた通訳といえば、レジでのちょっとした通訳です。レジ袋やポイントカードの有無などの定型的な会話では、親は会話の流れを予想しつつ、店員さんの口の形を読み取ってやり取りしています。しかし、親がたまたま店員さんを見ていなかった時に店員さんが親に話しかけると、親は話しかけられていることに気づけません。親が会計をしている時にたまたま僕が隣りにいて、会話がずれていることに気づけば、親に「～って言ってるよ」と自発的に伝えていました。

もちろん、通訳を周りに求められる時もありました。店員さんが親と直接会話をしようとしない時などです。今でこそ少なくなりましたが、僕が小さい時には、聞こえないことがわかると、両親とのコミュニケーションを遮断してしまう人に遭遇することがありました。このようなことが起こると、決まって父が怒ったものでした。「私があなたと会話しようとしているんだから、私に話してください。息子ではなく、私と会話してください」。このように父が訴えていたことを今でも覚えています。基本的には親が周りと直接コミュニケーションを取りますが、それでもうまくいかない場合、最後の手段として僕が通訳をしていました。僕にとって通訳はしなければいけないことではなく、コミュニケーションの状況に応じて行うことという感覚でした。

学校行事など、通訳が必要なことが予めわかっている場面では、必ず手話通訳の方がいました。入学式や卒業式には両親と手話通訳二名が参加しましたし、授業参観にも手話通訳の方がいました。小学校一年生の時からこうした光景があったので、親が手話通訳を介して周りとコミュニケーションするのを見るのは、自分にとっては当たり前のことでした。周りの友人やその保護者にとっても、手話通訳の方を見るのは見慣れた光景だったと思います。

僕の意識の中では、聞こえる親がいる周りの友達と自分は同じでした。自分は聞こえるし、親が聞こえないからといって周りの皆と全く違う人生を送っているわけではありません。もちろん、親への通訳や手話通訳派遣制度の利用は聞こえる親の下に生まれた聞こえる子どもが経験することではないでしょうし、親に代わって電話をかけるのがめんどうだったことも事実です。しかし、電話は多く見積もっても月に一回程度で、親からお風呂掃除や皿洗いを頼まれた時に感じるめんどくささと似たようなものでした。僕にとってはこれら全てを含めて当たり前の生活でした。必死に周りと同じなんだと思い込もうとしていたわけではなく、良い意味でも悪い意味でも違いを意識することが無かったのです。

だから、「コーダ」という言葉を知ってもピンときませんでした。自分が「コーダ」に当てはまると言われても、「コーダ」とは自分と違うカテゴリーにいる人たちにも思えました。自分は周りと同じような生活を送っているのに、わざわざ違うカテゴリーに当てはめられる必要はない。そんな風に考えていたのかもしれません。それに、日常生活の中でコーダに会う機会があったので、自分のような存在が珍しいものだとは感じていませんでした。父親がバスケットボールをやっていたため、僕は小さい頃から弟たちと一緒によくデフバスケの練習に顔を出していました。父のチームメイトは耳が聞こえませんが、その人たちの子どものほとんどは聴者です。その子たちと特段仲が良かったわけではないですが、デフバスケの練習に行けば自分と同じ聞こえない親をもつ聞こえる子どもがいました。だからこそ、「『コーダ』なんていうラベルで新たなカテゴリーを作らなくてもいいんじゃないの?」そんな気持ちもあったように思います。

とはいえ、周りの視線を感じることはありました。第一志望の高校の学校説明会では、周りの受験生は親と二人で説明会に参加していましたが、僕は、母親と手話通訳二名の合計四人で参加しました。四人で参加しているのは僕たちだけで、通訳の都合上、僕たちの席は他の参加者の席よりも前の特別な位置に用意されていました。そんな集団が手話で話しているのですから、目立つ要素満載です。周囲からたくさんの視線を浴びたことを覚えています。

僕はそんな視線を楽しんでいて、この会場に集まっている受験生の中で一番目立っているのは自分だろうなと考えていました。「これだったら学校の先生も僕たちのこと印象に残ってるんじゃない?」と母に笑って言いました（実際に、その時に対応してくださった先生は入学後に声をかけてくださいました）。聞こえない親という違いをポジティブに捉えることができたのは、親のことが好きだったことも影響していると思います。周りの注目を浴びて、「自分の親（そして自分自身）は特別なんだ」と嬉しく思っていました。周りとの違いを意識する場面では、その違いを他の人にはない自分だけの特別な価値と考えることができたのです。

「コーダ」というアイデンティティが確立するまで

では、僕が「コーダ」というアイデンティティを強く意識するようになったのはなぜなのでしょうか。今振り返ってみると、二つの出来事が大きなきっかけだったと思います。

一つ目のきっかけは、大学院進学です。僕は大学生の時に、卒業後にすぐに就職することになんとなく抵抗感を抱いていました。「自分が社会で何をしたいかもあまりわかっていないのに、就職してしまってもいいのだろうか。でも大多数の人がそうするのだし、自分もそうするんだろうな」。こうしたもやもやを抱えたまま、大学進学前から目標にしていたフランスへ一年間留学しました。ここでの経験が自分のもやもやを晴らしてくれることになります。

フランスでの学生生活は驚きに満ちたものでした。現地の学生は授業中に積極的に発言するし、授業前後に予習復習を欠かしませんでした。それだけでも十分勉強しているように感じられるのに、大学卒業後に他の大学や大学院に進学することを考えている学生が大半でした。このように自分のやりたいことにとことん向き合う姿勢に刺激された僕は考えを改めました。「まだ学生としてやり残したことはある。もっと勉強して自分が今後どうなりたいのかを見極めたい」。こう考えて、大学院進学を決意しました。

ただ、大学院で学ぶことを決意しても、入試を受けるには何を学びたいかを決める必要がありました。当初は大学で専攻していた政治を学ぼうとしていましたが、勉強をしていてもあまりわくわくしませんでした。大学院に進学するためになんとなく政治を勉強している気分でした。そこで、色々な学問の入門書を読んでみることにしました。一ヶ月ほど模索していると、社会福祉関連の本を自分が楽しんで読んでいることに気づきました。自分の知的好奇心がどんどん高まっていくように感じられました。耳が聞こえない両親と暮らしてきた経験が、自分の社会福祉への興味に大きく影響していることに気づき、僕は大学院で社会福祉を専攻することに決めました。この分野なら自分が今後どうなりたいのかに向き合える。学生の期間を二年間延ばす価値がある。そう思える専攻に出会うことができました。そこからは受験勉強に迷わず取り組めるようになりました。大学院入試の面接では、社会福祉学へ専攻を変える理由を、聞こえない親との生活に絡めて説明しました。結果として、志望する大学院へ合格することができました。

二つ目のきっかけは、就職活動です。卒業後にやってみたいことがあいまいなまま大学生活を送っていた結果、就職活動をするべきか悩んでいた時期があったこともあり、僕は時間をかけて就職活動において重要だとされる自己分析を行いました。就職活動と同じように多くの同年代の人達が行う自己分析に対して、大学時代に就職活動に対して感じていた冷めた感情を当初は感じていました。ですが、これまでの人生から自分を見つめ直してみると、自分が思っていた以上に耳が聞こえない両親の存在が僕の人生に大きな影響を及ぼしていたことがわかりました。

僕はこれまで両親と暮らしてきて、社会環境の不備を感じることがありました。小学生の時は字幕がついているテレビ番組の数が少なく、両親と共に楽しめる番組が少ないなと感じていました。電話での連絡しか受け付けていない場合は、僕や弟が親に代わって電話をかける必要がありました。両親と暮らしてきたからこそ、耳が聞こえない人たちの生活に社会の仕組みが対応できていないことを目の当たりにしてきました。このように、社会は聞こえる親を想定して作られているんだと感じる場面があったことを思い出しました。自分の親、そして自分自身もマイノリティだからこそ、そうしたマイノリティであっても豊かな生活が送れる社会のあり方について考えたい。そうした思いが大学院での専攻と結びついていましたし、「ユニークな経験をしてきた僕だからこそ、あらゆる人が暮らしやすい社会づくりに貢献できることがあるのではないだろうか。そんな社会をつくることを今後の目標に掲げよう」。こうした思いを持ちながら僕は就職活動を始めました。耳が聞こえない親との人生から得られた経験を積極的にアピールし、最終的には、そうした僕の思いを理解し共感してくれた会社から内定を頂くことができました。

この二つの出来事を通して、僕は「自分はコーダなんだ」ということを意識するようになりました。僕が大学院に進学することを決意したのは二一歳の時。大学院に入学して就職活動を始めたのは二三歳の時です。この二年の間に、学生ではない立場としてどうやって社会に関わっていきたいのかを考える機会が多くありました。その結果として僕は「コーダ」というアイデンティティにたどり着きました。つまり、僕にとってコーダとは、「聞こえる世界と聞こえない世界の両方に接点を持つからこそ特別な経験をする存在」です。良い意味で特別な経験をできるように、そして社会に変化を起こせるように、「コーダ」という立場を活かしたいと考えています。

「コーダ」にこだわりすぎた時期

「コーダ」というアイデンティティを意識してから、コーダの集まりにも参加するようになりました。コロナ禍ということもあり直接会う機会は限られていましたが、オンラインで色々なコーダに会うことができました。ただ、コーダと会うようになってみて驚くことも多かったです。声で話していたのについ手話が出るコーダ。親と手話で会話してきたコーダ。親との会話がスムーズではなかったコーダ。通訳の負担が重くて悩んできたコーダ。同じコーダなのに、自分とは違う経験をしてきたコーダがたくさんいました。そういう自分とは違うコーダの話を聞く度に、「すごくコーダらしいエピソードだなあ」、「自分とは違うなあ」、「自分はコーダ的ではないなあ」などと思っていました。その一方で、電話が嫌いなコーダ、周りの聞こえる大人に通訳を期待されてきたコーダ、周りが思っているよりも手話が苦手なコーダの話を聞くと、「自分と同じだ」、「やっぱり自分はコーダなんだ」と、自分が似たような経験をしていることを喜んでいました。

「コーダ」という意識を持ち始めた当時の僕は、コーダについてとても狭いイメージを持っていたのだと思います。書籍や論文で得た知識から「コーダらしさ」を想像し、自分自身をそのカテゴリーに収めようとしていました。なので、そのカテゴリーに自分が当てはまらない時はコーダ的でない自分に疎外感を感じ、カテゴリーに当てはまる時は仲間になったようで嬉しさを感じていました。「今まで自分は『コーダ』ということを意識してこなかったのだから、『コーダ』というアイデンティティを持つためにはコーダらしくなきゃいけない」。「自分はコーダなのだから、コーダらしい経験があるはずだ」。このような「コーダらしさ」にまつわる思いが入り乱れていました。

しかし、次第にそうした「コーダらしさ」にこだわらなくなっていきました。たくさんのコーダの話を聞くことを通じて、「コーダ」といっても地域や世代、ジェンダーによって異なる経験をしているのだと気づくことができたからです。自分と似たような経験をしているコーダもいれば、全く異なる経験をしているコーダもいる。一人のコーダの中にも多様な経験がある。コーダとの交流により、こうしたことを理解できるようになりました。

また、僕のコーダとしての経験を他のコーダに否定されなかったことも、「コーダらしさ」から離れることを助けてくれました。それまでの自分はコーダとしての悩みを抱えてこなかったことにどこか申し訳なさを感じている部分がありました。コーダは通訳を頻繁に担ったり、親とのコミュニケーションに悩んだりするものだと考えていたからです。特に二〇二〇年から始めたYouTubeではコーダとして比較的ポジティブな発信していたこともあり[1]、そのような「コーダらしさ」に当てはまらないのに「コーダ」を名乗ることに引け目を感じていました。そのため、コーダの集まりでは当初、参加者の共感を得られそうな（そうだと僕が勝手に考えていた）ちょっとネガティブなエピソードをあえて話したりもしていました。

集まりに参加した人の中には、僕の YouTube 動画の視聴者もいました。そのような人たちは「あなたはコーダらしくない」などとは言わず、「YouTube を見て、自分とは違うけどなるほどなと思った」「参考になった」と言ってくれました。コーダの集まりで、YouTube の内容を話すよう視聴者の方が僕に話を振ってくれることもありました。その時も同じような反応を得られました。僕のありのままの経験を「コーダっぽくない」と否定する人は誰もいませんでした。それどころか、「参考になった」「気持ちが楽になった」という声を聞くこともありました。

そうした反応を目にして、「自分のようなコーダもいていいんだ」、「ポジティブな経験を語ることで他のコーダの役に立つかもしれないし、そこに申し訳なさを感じなくていいんだ」と思えるようになりました。こうして僕は、「會田純平」という一人の人間として「コーダ」というアイデンティティに向き合えるようになった気がします。

「コーダ」といっても人それぞれです。同じ両親の下で育った弟たちですら、僕とは異なる経験をしています。でも、聞こえない親をもつからこそ、コーダは繋がれるとも思っています。自分と違う経験をしているコーダもいるのは事実ですが、そうしたコーダの話を聞きながら、「このコーダと同じ立場に置かれていたら、自分もそういう思いを持つのかもしれないな」と感じることがあるのです。「コーダとはこういう存在だ」と一義的に決めることはできません。しかし、聞こえない親と暮らしてきたからこそ、他の聴者にわからないことでも、コーダ同士ではわかりあうことができます。少なくともそういう可能性に開かれています。聞こえない親と生活してきたという境遇を通じてコーダはゆるく連帯できるのだと思います。

コーダアイデンティティ確立以降の変化

「コーダ」というアイデンティティを持つようになって、僕に二つの変化が起きました。

第一に、手話のコミュニティに関わるようになりました。大学院での研究テーマに手話に関することを選び、手話関連のイベントに行ったり、ろう者と話す機会を増やしたりするようになりました。僕にとって、手話のコミュニティとは新しくも懐かしい場所です。僕は小さい時から主にデフバスケを通じてこのコミュニティと接点を持ってきました。バスケの練習に顔を出せば、皆が温かく迎え入れてくれたことを覚えています。しかし、小さい時はこのコミュニティとの繋がりについて深く考えることはありませんでした。そして、大学生になった頃にはデフバスケとの繋がりは薄れていました。思い返せば、僕はデフバスケを通じて聞こえる世界とは異なるもう一つの居場所を与えられてきたのだと思います。小さい時はそれに気がつきませんでしたが、居場所を新しく発見したような、それでいてその場所は昔からずっとそこにあったような、手話のコミュニティとの関わりはそんな気持ちを僕に抱かせてくれます。

二つ目の変化として、僕は手話を勉強するようになりました。僕はこれまで手話をしっかりと勉強したことがありませんでした。子どもに無理には手話を覚えさせたくはなかったという思いが両親にはありましたし、僕としても、両親との口話での会話が十分通じていたので、わざわざ手話を覚える必要もないかなと感じていました。しかし、「コーダ」ということを意識し始めてからは、なぜだか手話をもっと流暢に話せるようになりたいという思いが湧いてきました。明確な目標を定めないまま勉強を続けてもマンネリ化してしまうと思ったので、手話検定に挑戦することにしました。手話検定に向けての勉強は独学のみでしたが、最も簡単な級を受けたこともあり、合格することができました。

この手話検定合格は、僕にとって少し大きな転期でした。最も初級とは言え、手話に関する資格を手に入れることができたからです。僕はこれまで幾度となく、「手話を話せるの？」という質問をされてきました。その度に、「ほとんどできない」と答えてきました。もちろん手話がほとんどできない当時でも親との会話に不満はなかったし、手話を学びたいという思いもありませんでした。ですが、「親が聞こえないんだから、コーダなんだから手話ができるだろう」という周りの期待に沿わない自分を意識させられ、手話に対する苦手意識を植え付けられてきました。そういう何かコンプレックスのようなものがあったからこそ、受験級も初級を選んだのだと思います。もし受かるかわからないぎりぎりの級に挑戦して不合格だったら、それこそ手話ができないという事実を突きつけられることになってしまいますから。しかし、手話検定に合格した経験は、その苦手意識を緩和してくれました。手話に関する初めての成功体験です。今では、「手話ができるの？」という質問に対して、「ちょっとだけできる」と答えています。「コーダ」というアイデンティティを持つことを通じて自分の苦手意識と向き合い、それを乗り越えることができたのは良かったなと思っています。

なぜ手話を勉強するのか？

コーダに関する本を読んでみると、親ともっと深くコミュニケーションできるようになりたいから大人になってから手話を学び直すコーダも一定数いるようです。僕は「コーダ」というカテゴリーに自分を当てはめようとしていたため、自分もそうなのだと思ってきました。親との会話をもっと豊かにするために手話を学習するのだと。確かに、手話を勉強してから親との会話がよりスムーズになりました。これまでの会話は口話中心でしたが、覚えたわずかな手話単語を添えるだけで、会話のズレは小さくなりました。言い直しや聞き間違いの回数が減ったからです。ですが、手話学習への労力と親との会話がスムーズになる程度が違いすぎるのです。手話というのは一つの言語ですから、流暢に話せるようになるためには相当な勉強量が必要です。その勉強量を費やしてまで親との会話をもっと豊かにしたいのかと言われれば、そうではありませんでした。僕は親との会話に十分な満足感を持ってきたのです。会話をあと一歩二歩スムーズにするために新しい言語を身につけるモチベーションはありませんでした。

そもそも、僕の手話は親と話す時が一番下手だということにも気づきました。ろう者と手話で話す時に出てくる表現が、親と話す時には出てきません。手が動くよりも先に口が動いてしまいます。これまでずっと声中心に話してきたし、その方法である程度通じることを体が理解しているのだと思います。だから、手話を勉強しても、学習したことが全て親との会話に反映されるかといえばそうではないのです。僕を手話の勉強へと駆り立てるものは、親との会話ではなかったのです。

それでは、何が僕を手話へと駆り立てているのでしょうか。それは手話のコミュニティにもっと深く関わりたいという思いです。「コーダ」というアイデンティティを持つようになってから、手話のコミュニティと再び関わるようになりました。ろう者がいるところに顔を出すとよく聞かれるのが、「なぜ手話を勉強してるの?」という質問です。それに対して自分は、「親が聞こえないから」と答えます。もちろん理由はそれだけではなくもっと複雑なのですが、初対面の人に簡潔に伝わるため、そう答えています。

すると、僕がコーダだからという理由でろう者は温かく受け入れてくれるのです。僕はこの事実に嬉しさを感じつつも、居心地の悪さも感じてきました。なぜなら、自分自身は何もしていないのに、親がろう者だからという理由で受け入れてもらっているからです。手話の流暢さが自分と同程度の聴者と比べて、おそらく僕は親密に接してもらっていると感じます。その理由は僕が時間をかけて信頼関係を築いたからではなく、「コーダだから」なのです。

ただ、手話のコミュニティに迎え入れてもらっても、手話での会話が全て理解できるわけではありません。ろう者同士の会話を見ても何を話しているのかよくわからない時もあります。自分に対して話していることはわかっても、自分の言いたいことを手話で伝えられない時もよくあります。小さい時も同じような場面はたくさんあり、その度に「まあ仕方ないか」と思っていました。ですが、今はこういう場面で、「もっと手話が上手ければ」という思いを強く抱くようになりました。もっと手話のコミュニティのことをよく知りたいし、ろう者が自分に対して持っている親密感を裏切りたくないです。せっかく温かく迎え入れてくれるのだから、その期待に応えたいと思うのです。「コーダだから」という理由ではなく、手話で会話をして信頼関係を築くことで、手話のコミュニティとの繋がりを持ちたいなあと思います。手話のコミュニティともっと深く関わりたいからこそ、僕は手話を勉強しています。

コーダ以外の自分

「コーダ」という言葉になんの思い入れもなかった僕が、自分がコーダだと意識するまで長い道のりがありました。そして最終的には、「コーダ」というアイデンティティを大切に思うまでに至りました。ただし、僕にとってコーダは自分の全てではありません。コーダであることに価値を感じ、アイデンティティを持っていることは確かですが、それは自分の一部でしかないのです。だから、「コーダ」という言葉だけで他人から自分を説明されるのにとても違和感がありま す。僕が手話を勉強する理由は、手話のコミュニティに関わる理由は、「コーダだから」という言葉だけで言い表せません。

コーダだから自動的に手話の世界に繋がる一本道があったわけではないのです。僕にはコーダであることを意識してこなかった約二一年間の人生があります。その後、「コーダ」というアイデンティティに向き合うようになり、その向き合い方も時間が経つにつれて変化してきました。このような紆余曲折があって現在の自分があります。そしておそらく、今後もコーダであることをどう捉えるかは変化していくと思います。だからこそ、他人から自分の行動や思いを「コーダだから」という理由だけで片付けられてしまうことに反感を覚えます。コーダであることが僕の行動や考えに影響していることは紛れもない事実です。ですが、映画や本、友人関係など、僕に影響を与えてきたものは他にもたくさんあります。多様な経験が今の僕を形作っています。僕の存在や人生はたった一つの単語で説明できてしまうほど単純ではないのです。

考えてみると、僕には「コーダ」というアイデンティティを意識している時とそうでない時があります。普段の生活では、コーダであることを特に意識しません。家族や友達との会話の中では、普段の自分というか、「會田純平」という一人の人間として過ごしています。「コーダ」というアイデンティティを意識するのは、ある特定の場面であるような気がしています。そこには、「能動的にコーダになる」場面と、「受動的にコーダにさせられる」場面があります。

「能動的にコーダになる」場面とは、自分のコーダとしての経験を活かす場面のことです。例えば就職活動の面接では、「コーダとして日々を過ごしてきたからこそ身につけられた自分なりの価値観や視点がある。それをあらゆる人が生きやすい社会の仕組みづくりに活用したい」という思いを面接官に伝えていました。YouTubeでの配信活動においても、コーダという立場を活かして、今の社会のあり方についての意見を発信しています。このような場面では、あえて自分からコーダであることを開示し、コーダである自分をアピールしています。コーダだからこそ他人とは異なった経験の中で培われた価値観や視点があることを強調するためです。

一方で、「受動的にコーダにさせられる」場面とは、自分の親が聞こえないことをネガティブな文脈で周りから意識させられる時です。親が聞こえないとわかった瞬間店員さんがこちらに視線を送ってくる時、親が連絡を取りたい場所が電話での連絡しか受け付けていない時、自分の親は聞こえないから直接やり取りができないんだと思い知らされます。店員さんが親と直接会話しないのであれば、僕が間に入ってコミュニケーションを成立させなければなりません。電話での連絡しか用意されていないのなら、僕か弟が代わりに電話をかけなければいけません。この社会は聞こえる人を基準にして作られています。そのため、聞こえない人が必要とする仕組みや、聞こえない人と会った時にどうしたらいいのかわからない聞こえる人のための仕組みが用意されていないことがあります。そんな時は、聞こえない人と聞こえる人の間を取りもつ誰かが間に入らなければいけません。このような時、自分の親は聞こえない人であること、そして自分が「聞こえない親をもつ聞こえる子ども」なんだということを実感させられます。世の中が前提にしている「普通」とは違うことを目の当たりにした時に、コーダであることに気づかされるのです。「能動的にコーダになる」場面では、当然コーダであることを肯定的に感じながら、自身の価値観や視点をアピールします。このような場面ではコーダであることを特別に感じますし、割合で言えばこのような場面の方が圧倒的に多いです。「受動的にコーダにさせられる」場面に遭遇するのは、それほど気持ちのいいことではありません。このような経験自体そこまで頻繁にするわけではありませんが、しなくて済むのならそれが一番です。店員さんが筆談やタブレットを使って親と会話をするなら、電話以外の連絡方法が用意されているなら、僕が聞こえない親と周りの間に立つ必要はありません。周りとの調整役を僕に求めるのは聞こえない親ではなく、その時の状況や社会のあり方なのです。僕が小さい時に比べたら、聞こえない親と直接会話しようとする店員さんは増えました。メールでも連絡が取れるようになりましたし、今では電話リレーサービス[2]を使って両親自身が電話をかけることもできます。聞こえない人が必要とする仕組みや、聞こえない人と会った時の対応がわからない聞こえる人のための仕組みは、確実に改善され続けています。それでも、未だに「受動的にコーダにさせられる」瞬間はあります。そんな時、僕がコーダとして生きているのはそのような社会なのだということを痛感させられるのです。

コーダの自分、新たな章へ

僕は二〇二三年度から働き始め、ひとり暮らしも始めました。この大きな環境の転換は、僕に二つの変化をもたらしました。一つ目に、手話のコミュニティに関わる時間が減りました。大学院では手話に関する研究をしていたため、ろう者に直接会うだけでなく、書籍を読んだり手話の動画を見たりして日常的に手話のコミュニティに関わっていました。でも今は仕事に精一杯で、「手話のコミュニティから離れてしまっているな〜」と感じながら日常を送っています。二つ目に、日常生活の中で手話を話す機会がほとんどなくなりました。実家で暮らしていた時は、友人に手話を話す人がいなくても、家に帰れば必ず手話で話す両親の姿がありました。ひとり暮らしを始めてからは、家にも手話の環境がありません。ひとり暮らしを始めて二ヶ月後に両親と会った時、手話を勉強し始めてから難なく表出できていた手話単語を表出できませんでした。

この文章を書きながら、僕は正直焦りのようなものを感じています。手話のコミュニティが近いようで遠かったあの頃の自分や、「コーダ」という言葉に親近感を抱かなかったあの頃の自分にまた戻ってしまうのではないか、と。手話のコミュニティと繋がる時間が減り、聞こえない両親の下から離れた今、僕にとって「耳が聞こえない親を持つ聞こえる子ども」としての自分とはなんなのでしょうか。焦りながら、悩みながら毎日を過ごしています。

コーダであることの捉え方の変遷は、今もまだ続いています[3]。

■注

1 チャンネル名は「コーダｔｖ」。「聞こえない人と聞こえる人の接点」をコンセプトに二〇二〇年からYouTubeに動画投稿をしている。

2 手話通訳を介して聞こえない人と聞こえる人を電話でつなぐサービスのこと。

3 この原稿を完成させるにあたってコーダとしての意見をくれた、弟の直人に感謝します。

第2章 コーダ三姉妹

それぞれの視点から語られるコーダの経験

安東明珠花

はじめに

私には聞こえない両親と聞こえる姉と妹がいます。私自身も聞こえるので、私たち三姉妹は「コーダ三姉妹」です。三歳上の姉と二歳下の妹とは、ぶつかることも多くありましたが、小さい頃から助け合って生きてきました。そんな私たちの両親は、二人ともろう者です。岡山県立ろう学校の理容科を卒業した父と徳島県立ろう学校の理容科を卒業した母は、理容のコンテストで出会い、父の一目惚れからの大恋愛（?）を経て、一九八六年に結婚しました。その後、両親は独立して岡山市内で理容店を営みはじめました[1]。

私は彼らの二人目の子どもとして、一九九一年、岡山県で生まれました。子どもの頃は、両親の仕事が休みの時は両親の理容仲間と旅行に行ったり、毎週のように行われていた宴会に参加したり、たくさんのろう者と関わりながら暮らしていました。

中学生になり、部活動や勉強、友達との交流に忙しくなってからは家族と過ごす時間は減っていき、それと同時にろう者や手話と関わる時間も減りました。

そんな中、高校二年生のときに私はカナダ・サスカチュワン州で一年間の留学を経験しました。留学中、自分の両親が「Deaf（ろう者）」であることを伝える機会が多くあり、「じゃあ手話ができるのね」と現地の人に言われたときに「いや、そんなにできない……」と答えると、「なんで明珠花は両親がDeafなのに手話ができないのか」という質問をたびたびされました。その時は「口話でコミュニケーションをとっているよ」と説明しましたが、同時に自分自身も「なんで手話ができないんだろう……」と疑問に思い、帰国後から、少し

写真１　スキー旅行

ずつ手話に興味を持ち始めました。

手話に興味を持ち始めたタイミングで、大学進学のために上京しました。その後、手話をきちんと学び、卒業論文では自分の幼少期の手話使用の状況についてインタビュー調査を通して振返り、まとめました。大学卒業後は大学院に進学し、社会言語学や言語教育について勉強・研究をしながら、都内の女子校やろう学校で英語の先生をしていました。

現在（二〇二二年八月）は大学で特任研究員をしながら、「コーダの言語使用とアイデンティティ」というテーマで博士論文を書いています。ちなみに大学院在籍時に結婚し、五歳の子どもがいます。現在、三姉妹は全員東京近郊に在住、両親は岡山県で理容店を営みながら二人で暮らしています。

家族同士のコミュニケーション

家族の中で聞こえないのは父と母だけで、他の家族は全員聞こえます。両親ともに理容店を営んでいたことや音声言語獲得の心配もあったからか、三姉妹全員生後六ヶ月から保育園に通いました。また、両親の仕事が特に忙しい週末は岡山や徳島の祖父母や親戚がうちに来てくれたり、色々なところに連れて行ってくれたりと、子ども時代から聞こえる人と過ごすことも多かったです。祖父母と両親は手話を使わず口話でコミュニケーションをとっていて、私たち三姉妹が間に入って通訳をすることも頻繁にありました。

一方、私たち姉妹と両親は手話・口話・ジェスチャーなどを交えながらコミュニケーションをとっています。三姉妹の手話能力にもばらつきがあり、手話が堪能だった順で言うと、姉↓私↓妹となります。「堪能だった」と過去形なのは、現在では私が三姉妹の中では一番手話に堪能であると自負しているからです。これは私が一八歳で「コーダ」という言葉に出会ったあとに手話を学び、ろう学校でも勤務し、現在は「三姉妹の中では手話単語を一番多く理解し、表出できるから」という理由で主張していることです。

と言いながらも、聞こえない父とのコミュニケーションに一番長けているのは姉で、「言語ができる＝コミュニケーションがスムーズにとれる」というわけではないというのは自身の経験からも実感しています。ちなみに姉は自身の手話を「土着手話」と話しています。

私たち三姉妹の「コーダ」という言葉との出会い

私が「コーダ」という言葉に出会ったのは、二〇一〇年、大学一年生のときでした。新入生オリエンテーションでカナダ人の教授と話す機会があり、自分の両親が聞こえないことを話すと、「ということは、あなたはコーダね」と言われました。「コーダって何?」と尋ねると、「あなたのように聞こえない親を持つ聞こえる子どものことをコーダというのよ」と教えてくれました。大学進学のために岡山から上京して間もなく「コーダ」という言葉に出会った私は、すぐ姉と妹に連絡をしました。そこから私たち三姉妹のコーダとしての人生がスタートしました。

写真２　お祝いしている三姉妹

今回、この文章を書くにあたって、私は姉と妹にインタビューをしました。主な質問は、①「コーダ」という言葉との出会いと自分の変化、②手話に対する思い、③手話通訳者に対する考え、④ろう者との思い出、についてです。以下、それに沿って書いていきたいと思います。

「コーダ」という言葉を知った時の感情とその後

私の場合

私は「コーダ」という言葉に出会ったことで自分自身や両親についてもっと知りたいと感じ、手話やろう者をふくめた聴覚障害者の歴史やろう教育、コーダについての本や資料・文献を読んだり、卒業論文も自分自身の幼少期の手話使用についてまとめたりして、気が付いたら研究の道に進んでいました。研究を進める上で両親以外のろう者や姉と妹以外のコーダと出会う機会も多くありました。このように、私にとっては、「コーダ」という言葉との出会いが自分のキャリアにもつながるなど、人生で大きな転機となりました。一方、「コーダ」という言葉を知ったことで姉と妹にどのような変化が生まれたのか聞くと、姉と妹で反応が違いました。

姉の場合

当時、アメリカの大学に留学していた姉は次のように話しました[2]。

姉　：（「コーダ」という言葉に）出会って何が変わったか。「あ、そういう人もいるんだね」っていうのと、「（自分は）そういう人たちに属すんだ」って感じ。それによって肩の荷がおりた、とかそういうのはなくて。出会ったタイミングによるかもしれんけど。もし、それこそ、思春期に知っとけば、変わっとったかもしれんけど。別に周りにも（コーダは）おったし、あすか（筆者）とかさくちゃん（妹）とか、ゆきちゃん（両親の友達の子ども）とか。周りにおんなじような子がおったから、別に、何にも思わんかったたって言ったらあれじゃけど。「なるほどね、そういうカルチャーがあるんだね」ぐらい。

筆者：（中略）私はなんか「え、（コーダって）何それ」って結構思ったんよな。

姉　：いや思ったよ。思ったけど、なんか〝開眼〟っていう感じではなかった。

筆者：「へえ」って言う感じ？

姉　：そうそう。なんかお父さんとお母さんが「耳が聞こえない人」「聴覚障害者」っていうラベリングがあるみたいに、私たちは「コーダ」っていうラベリングがあるんだなみたいな。あすかとかさくちゃんが興奮しとったほど、たぶんそんなに興奮してない。

（傍線は筆者）

「コーダ」という言葉に出会い、興味を持って研究の道に進んだ私とは違って、姉は「コーダ」という言葉を知って「何も思わなかったわけではない」が、「肩の荷おりた、とかそういうのはなく」、ラベリングやカルチャーの存在の認識ぐらいの印象で終わったようでした。また、「コーダ」という言葉に出会うタイミングが思春期後であったというのも「〝開眼〟っていう感じではなかった」理由の一つかもしれません。

妹の場合

妹が「コーダ」という言葉に出会ったのは高校二年生、思春期真っ只中のときでした。妹は、「コーダ」という言葉との出会いで気持ちが楽になり、自分のことを誇りに思うようになったと話しました。

妹　：楽になった、気持ちが。なんか基本的にカテゴライズする（分類する）のってあんまり好きじゃないけど、私はカテゴライズされたことによって気が楽になった。なんかちょっと違う世界におるなみたいな気持ちになっとったけん。

筆者：まあな、もともと「うち変わっとるけん」みたいに言っとったもんな、自分のこと。

妹　：そうそう。自分は別に耳聞こえるし、でもなんかなんていうんかな、手話ある程度分かるし、ろうの気持ちとかもある程度分かるし、親もろう者じゃし。少数派？の世界じゃけん、なんか、違う、他の子とは違うって思ってた。立場とか。

筆者：うんうん。

妹　：じゃけど、他の子から見たら私単体は「普通」に見える。障害もないし、特に。だから、まあ気づかんというか、そういうの。でも「なんかさくちゃんってちょっと変わっとるよな」みたいな感じではよく言われとったけん。それが、本に出会って、「私コーダじゃけん、こういう行動とかしてしまうんじゃ」とか「こういう発言してしまうんだ」とか、理解ができたけん、楽になった。

筆者：（中略）じゃあ、さくちゃんにとっては出会ってよかった、タイミング的にも良かった、って感じなんかな。

妹　：そう、良かったし、誇りに思うようになった。（中略）なんか自分に全然自信がなかったけど。

（傍線は筆者）

写真３　妹が付箋をたくさん貼った『コーダの世界』

「コーダ」という言葉に出会って自分の中で特に何も変化がなかった姉に対して、妹は「カテゴライズされたことによって気が楽になった」など、精神的負担が軽減されたようでした。その理由として、「なんかちょっと違う世界におる」と自分が感じていた原因が「コーダ」という言葉のおかげで理解できたと感じたからだと振り返りました。妹が話した「コーダじゃけん、こういう行動とかしてしまうんじゃ」という例としては、身振り手振りが多いこと、顔の表情がコロコロ変わること、人の目をじっと見ること、ボディタッチが多いことなどが挙げられました。また、妹は「コーダ」という言葉を知った後、澁谷智子著の『コーダの世界――手話の文化と声の文化』[3]を読み、たくさんの付箋とハイライトを残しました（写真3参照）。一方で姉は「この本を読んだ気もする」と話し、妹や私との「コーダ」という言葉に出会ったときの高揚感の差が感じられました。

「コーダ」という言葉と出会うタイミング

前述した通り、三姉妹は同時期に「コーダ」という言葉に出会いました。しかし、反応はそれぞれ異なりました。「へえ」という感想以上のものはなかった思春期を通り過ぎた姉、コーダやろう者や手話について興味を持った大学一年生の私、そして「気が楽になった」高校二年生の妹。「コーダ」という言葉に出会って自分の中で大きな変化を感じたコーダもいればそうでないコーダもいて、それには「コーダ」という言葉に出会うタイミングも関係しているのかもしれないと姉と妹とのインタビューから考えました。

手話に対する思い

私たち三姉妹は全員、生後6か月のときから同じ保育園に通いました。その後は学区内の公立小学校と中学校に通い、高校はそれぞれ別々の学校に通いました。姉妹へのインタビューを通して分かったことは、三姉妹全員が小学校入学後に手話と距離を置いたということでした。

姉の場合

「手話についてどう思いますか」という質問に、姉は次のように答えました。

姉　：あー、小学校に入るぐらいまでは好きで、お母さんに「教えて教えて」って、お母さんも「こうやるんよ」って、たぶん言っとったけん、興味はあったと思うけど、小学校に上がってからは、あんまポジティブじゃなくなって。

（傍線は筆者）

姉は小学校に入るまでは手話が好きで、母に教えてとお願いしていた記憶があったらしいのですが、小学校に上がってからはそのような感情はなくなり、手話に対するポジティブな感情が薄れてきたそうです。小学校に通い始めて友達の家に遊びに行くなど行動範囲が広がり、自分の両親が友達の親と違うことに気づいたことがそのきっかけの一つだと振り返りました。そして現在は手話に対して嫌という気持ちはなくなり、「むしろ『できなくてごめんな』って感じ」と話しました。

姉　：（中略）別に「手話に深い思い入れ、ありますか？」ってないし。「嫌ですか？」もない。
筆者：「別に」みたいな。今はもう全然ない。今はもう恥ずかしい気持ちは？
姉　：今はない。今はもう全然ない。今はもう恥ずかしい気持ちは？
筆者：そうなん。その気持ちの変化は？　どのタイミングで恥ずかしいって思うようになったんか。逆にきっかけがあるんか。今はそう思わんようになったきっかけとかは？
姉　：え、思春期じゃない？　恥ずかしいって、思春期。
筆者：ああ。
姉　：小学校に上がって、いろんなお友達のおうちとか遊びに行くようになって、耳聞こえないってうすうす気づいとったけど、そこで確信した、みたいな。「（両親が周りの親と）違うんだね～」って気づいてからだと思う、たぶん。

（傍線は筆者）

妹の場合

姉は手話が恥ずかしいと感じていた理由として「思春期」と話しましたが、妹も同じように小学生から中学生の思春期の時期は、周りの目を気にして手話を使いたくなかったと話しました。

ろうの声で注目を浴びたり、手話を使っている様子を見て友達から色々と聞かれたりするのが面倒くさかったと振り返りました。

妹　：ちっちゃい頃とかはそれが当たり前って感じじゃったけど、小学校とか中学生まではもう使いたくなかったかな。やっぱり周りの目とかも気になるし。特にスーパーとかお店とかに行ったときに周りの目が気になったから使いたくないなとかはあったけど、高校ぐらいからは全然なんかもう気にしなくなった。

筆者：周りの目って、なんか特別になんか言われた経験とかはある？　周りの人から。

妹　：あー、あるかな。まあ私が小学生ぐらいのときにさ、私の友達とかはさ、やっぱりろう者が周りにおるっていう経験があまりないから、なんかなんていうん、「何話しとるんじゃろう、この人」とか「声出せれん」みたいな。

筆者：うんうん。

妹　：あとなんじゃろうな。ちょっとやっぱり奇声を、奇声って言ったらおかしいけど。（笑）

筆者：声な、あの声な。

妹　：そう、独特な声があるけん、それでまあ、注目浴びたりとか。

筆者：（中略）手話っていうか、お母さんたちと話しとるところをあまり見られたくないって感じかな。

妹　：うん、なんか聞かれるのが面倒くさかった。「さくちゃんの親ってしゃべれんのん？」とか。「耳聞こえんのん？」じゃなくて「しゃべれんのん？　声出せんのん？」みたいな。

（傍線は筆者）

私の場合

私自身も姉と妹と同様、小学校入学までは手話を「好き」だったり、手話を「当たり前」に感じていましたが、小学生から中学生にかけて手話を恥ずかしいと思う時期がありました。周囲の目が気になったり、自分だけ違うことに敏感に感じたり……思春期特有の理由で手話と距離を置いていました。

手話と距離を置くということは、両親と距離を置くということでもあります。私は思春期にしっかりと反抗期を経験しました。その時期に親とは必要最低限の会話しかせず、家庭の外で過ごす時間が圧倒的に増えました。高校生になった頃には反抗期を抜け出して、公共の場でも両親と手話らしきものを使いながら会話をしていましたし、今では周囲の目を気にせず両親と手話で会話をしています。

三姉妹の共通点

三姉妹に共通していることとして、小学校に入学したタイミングで手話と距離を置きたくなり、高校生あたりから公共の場などで手話を使うことに抵抗がなくなったことが挙げられます。それには何が影響しているのでしょうか。

インタビューにもある通り、思春期が手話使用への気持ちに影響しているのかもしれません。しかし、私たちの幼少期と今では社会における手話の立ち位置が大きく変わったこともその背景にあるのかもしれないと、コーダや手話に関する研究を始めて考えるようになりました。

私が四歳だった一九九五年に「ろう文化宣言」[4]が発表され、「手話は音声言語とは異なる体系をもつ言語である」という認識と「ろう者は障害者ではなく言語的少数者である」という考えが広がりました。その結果、手話はジェスチャーではなく言語であり、ろう者は手話言語を使って生活する言語的少数者（マイノリティ）であるという意識がろう者の中でも強く芽生え、ろう者自身の手話への態度にも影響を与えました。

私自身もそのように感じた経験として、大学生のときに「なんで私たちが小さいときに手話を使わなかったの？」と母に聞いて、「聞こえる人には声で話さないといけないという考えがあった。今は手話を使えばよかったと思う」と母が答えたことがあります。これを聞いたとき、母は子育ての終盤になって自分を言語的少数者であると捉えることができ、自分の言語である手話を使うべきだったと思うようになったのだと感じました。

もし母がもっと早く「ろう文化宣言」に出会っていたら、そして私たちにも両親を「言語的少数者である」と見る意識がもう少しあれば、私たち親子はもっと手話でのコミュニケーションを楽しめていたのかもしれません。もしくはそのようなものは一切関係なく、たとえ手話でコミュニケーションをとっていたとしても、思春期特有の「みんなと違う」ということには結局悩むようになっていたのかもしれません。それを知るためにも、今、思春期を経験しているコーダたちの話を聞いてみたいなとひそかに思っています。

身近な存在だった手話通訳者

私たち三姉妹にとって、手話通訳者は身近な存在でした。我が家では、平日に行われる学校行事はほぼ一〇〇％の確率で母が参加していました。理容店が忙しくなる週末は、両親に代わって祖父母がよく行事に参加してくれました。行事が理容店の休業日と重なるときは父が来てくれることもありましたが、それはかなり稀なことでした。母は、平日に行われた入学式や卒業式、発表会、参観日、三者面談では必ず市の手話通訳派遣制度を利用して、手話通訳者に同行してもらっていました。

このように私たちの母は手話通訳派遣制度を活用しており、私たちが学校教育を受けている間、手話通訳者は身近な存在でした。しかし、手話通訳者に対する感じ方は三姉妹でも異なりました[5]。

手話通訳者――参観日の場合

妹は、母が参観日や三者面談に手話通訳者を連れてくることに関して小学校低学年のときは「マジで嫌だった」と話しました。特に参観日では、母に注目が集まることが嫌だったそうです。

筆者：通訳さんが参観日とか三者面談とか来とったが。
妹　：うんうん。
筆者：それについてはどう思っとった？
妹　：小学校低学年のときはマジで嫌だった。小三ぐらいまで。
筆者：なんで？
妹　：えー、なんか親に注目が集まるけん。私じゃなくて。
筆者：やっぱ見られとった？
妹　：あ、見られとった見られとった。なんかコソコソ、二人いるし、二人手で話してるし、
　　みたいな感じは聞こえとった。
筆者：へー、そうなんじゃ。

妹　：「誰のお母さん？」みたいな。
筆者：あ、「誰のお母さん？」はよく言われてた。
妹　：「誰のお母さんあれ？」みたいのは結構言われとった。
筆者：「うちですけど」みたいな。「なんで二人おるん？」って聞かれとったな。
妹　：そうそうそう。しかもお父さんとお母さんとかじゃないが。通訳さんとかも女性だったけんさ。
筆者：「どっちがお母さん？」って。
妹　：そうそう。「どっちが本当のお母さん？」って。
筆者：（笑）みたいな感じはあったな。じゃあ、みんなにコソコソ言われるけん、嫌だったって感じ？
妹　：いや、それはあんまり気にせんかったけど、親に注目が集まるのが嫌だった。
筆者：あー、なるほど。
妹　：私じゃなくて。私を見に来とるのに、親は。でもなんかその親に注目が集まるのが嫌じゃった。
（傍線は筆者）

妹は、母が参観日に親が手話通訳者を連れてくることで、「誰のお母さん？」と注目が自分ではなく、自分を見に来てくれたはずの親に集まるのが嫌だったと話しました。また、「女性が二人で来ている」ということで「誰のお母さん？」や「どっちがお母さん？」という質問を同級生から受けることも多くあったと話しました。このことは姉も私も共通して経験していました。

筆者：なんか言われた経験ある？　通訳に対して周りの友達から。
姉　：いっぱいあるよ、そんなん。「誰？」みたいな。「通訳の人」って。「耳が聞こえんのが、絵梨奈ちゃんのお母さんよな？」って。
筆者：通訳の方がお母さんだと思われるんよな。（笑）
姉　：そうそう、「どっちがお母さん？」って。
筆者：それは聞かれた、私も。
姉　：「耳が聞こえん方やで」って。「そうなんだ」って。

（傍線は筆者）

「どっちがお母さん?」

参観日のときに母が手話通訳者と一緒にいると「どっちがお母さん?」と聞かれたという経験は三姉妹に共通していました。私の経験を振り返っても、親の通訳のために男性の手話通訳者の方に来ていただいたことは一度もありません。

手話通訳者に女性が多いのは、社会福祉法人聴覚障害者情報文化センターが発表している統計[6]にも示されています。統計によると、二〇二三年の手話通訳士試験の合格者の九四・五%が女性で、この数値が大きく変動したことはありません。つまり、手話通訳者や手話通訳士として活動している方の多くが女性だと言えます。このような背景もあってか、私たち三姉妹共通して「どっちが本当のお母さん?」のような質問を経験していました。

手話通訳者——三者面談の場合

三者面談のときにも手話通訳者がいつも同行してくれました。妹は初対面の知らない通訳者を前に、進路の話や自分の気持ちを話すことに抵抗感を感じていたそうです。

筆者：三者面談のときとか通訳さんが一緒にいるのはどうだった？
妹　：めっちゃ嫌じゃったわ。あれ、進路の話とかじゃろ？
筆者：そうそうそう。
妹　：嫌だった嫌だった。
筆者：なんで？
妹　：うーん、知らん人じゃが。たぶんなんか同じ人が低学年のときは来とったんじゃけど、高学年になってコロコロ変わっとったやん。じゃけん、会うたび会うたび人が変わるけん、なんかこの人に私の気持ちとか話してもな、みたいな。「どうしたい、とか話してもな」みたいな感じ。だから、面談で自分の気持ちとかは話せた記憶がない。なんていうんかな……うーん……お母さんだけだったら言えとったことを言えんかったかな。

（傍線は筆者）

母だけだったら言えたかもしれないことも、手話通訳者を前にするとなかなか言えなかったそうです。そして、小学校五年生のときに、一度だけ、通訳者不在で三者面談を行ったことがあると話しました。

筆者：「通訳さん来《に》んで」とか言ったことある？

妹　：あるある。一回たぶん言ったことある。

筆者：へー。

妹　：で、一回来《に》んかったんよ、たしか。

筆者：（中略）それ、さくらが何年生のとき？　五年生ぐらい？

妹　：さくらが五？　うん、五年生じゃ、五年生。（中略）その先生のときに一回言ったかな。なら先生が「いいよ、なら筆談でやるから、私が」って。で、お母さんも「筆談でやるならいいけど」みたいな感じで。

筆者：へー、そんなときあったんじゃ。

妹　：一回だけな。

筆者：知らんかった。

妹　：で、お母さんが「もう時間かかるからいやだ」って言って（笑）。

筆者：まあ、たしかに。
妹　：次からは普通に通訳さん来たけど。（傍線は筆者）

通訳者不在で、担任の先生と母が筆談でやりとりをする三者面談を妹は経験しましたが、「時間がかかるからいやだ」という母の訴えから、それっきりとなってしまったそうです。このように妹は手話通訳者に来ないでほしいと思っていた一方で、姉は「来てほしかったタイプ」と振り返ります。

姉　：私は来てほしかったタイプ。自分で通訳する自信もなかったし。でもちょっと恥ずかしい。知られるけん、その人に。
筆者：あー、三者面談とかな。
姉　：うん。でも悪い子じゃなかったから、そんな悪いことは言われんけん。「いい子だね」っていつも言われて終わるっていう。「所感いらんし」みたいな。そりゃ通訳の人もなんか言わんといけんよなって、今となっては思うけど。「頑張ってるんだね」

とか「頑張ってね」とかって。お母さんじゃないじゃん、みたいな。
筆者：あー、それはあったかも。
姉：でもまあ、そういう嫌な気持ちも自分が三〇分間を訳すよりかは良かった。お母さんもそっちの方が良かったと思う。（傍線は筆者）

姉は、「来てほしかったタイプ」と言った理由として、自分で通訳をする自信がなかったことを挙げました。また、今となっては「何か言わないといけない」と感じる通訳者の気持ちも分かりつつも、当時は、通訳者に「いい子だね」など所感を言われることを嫌だと思っていました。しかし、そのような嫌な気持ちも面談を自分で通訳するよりはマシだと思っていたようです。

手話通訳者に対する思い――私の場合

私は、手話通訳者に対して、良くも悪くも特に何の感情も抱いていませんでした。私にとっては「手話通訳者はいて当たり前の存在」で、参観日や三者面談のときには「今日はどの通訳さんが来るかな、知っている人だといいな」と思っていたことも覚えています。参観日に友達から

「どっちがお母さん？」や手話通訳者の方を指して「誰？」と聞かれたときには、「耳聞こえないほうがお母さんだよ」「手話通訳の人だよ」と説明しました。たしかにそのような説明が面倒だなと思ったことはありますが、それだけです。また、三者面談で「手話通訳者の手話が親に伝わっていないな……」など感じた経験も何度かありますが、必要であれば私がその場で補足したり、家に帰って改めて母に説明したりしていました。

コーダから見る手話通訳者

このように、コーダにとって手話通訳者は身近な存在で、学齢期のコーダは手話通訳者（や親が手話通訳者を同行すること）に対してさまざまな感情を抱いていることが私たち三姉妹の経験からも言えると思います。「コーダ」という言葉もまだ新しく、だんだんと認知度が上がってきている段階ですが、手話通訳者養成講座では必ずコーダについて学び、考えていただく時間を持っていただきたいと思います。また、手話通訳派遣制度について、申込の手続きや手話通訳者には守秘義務があるなど、コーダのほうも、そうした正しい知識を身に付けられる機会があると、親の手話通訳派遣制度利用に対する理解が深まるのかなと感じています。

ろう者との思い出

私の場合

子どもの頃は、両親の友達と旅行に行ったり、理容関係の仲間が両親の理容店（兼自宅）で講習会をしたり、ろうの大人と関わる機会が多くありました。両親の周りのろう者は全員理容師だったので、上京するまでは「ろう者は全員理容の仕事をしているんだ」と思っていたぐらいです。私の両親は大勢で集まって宴会をしたり、旅行に行ったりするのが好きなので、未だに岡山県のろう理容者の仲間たちと定期的に集まっているようです。私の子ども時代は、親戚の聞こえる人たち以外、ろうの大人ばかりに囲まれていた記憶が強いです。

姉の場合

小さい頃にたくさんのろう者と関わった記憶が強いのは、姉も私と同様だったようです。

筆者：（中略）じゃあ、絵梨奈が小さい頃ろう者と関わった記憶。

姉　：いっぱいあるよ。ろう者しかおらんかった。小さい頃は。
筆者：そうよな。
姉　：だってよく接する聞こえる人って、おばあちゃんとかしかおらんかったもん。
筆者：そうじゃな。親戚な、あとな。
姉　：夏はよくキャンプ行っとったし、川とかで遊んどったし。あとは水曜日の散髪研修みたいなやつ。夜に会って集まる技術交換会みたいな。
筆者：そんとき、絵梨奈は手話で話しとったんかなあ。
姉　：手話だったと思うよ。

（傍線は筆者）

姉が話していたように、夏は両親のろうの友達とキャンプに行って川で遊んだり、講習会に来るろう者と関わったりするほかに、冬はみんなでスキーに行ったりしたことも私の記憶に残っています。幼少期にろう者の集まりに参加していたとき、「周囲のろう者と手話で話していたと思う」と姉は振り返りました。ろう者との時間は楽しい思い出として残っているか姉に聞くと「楽しかった」と話しました。

筆者：ろう者との時間って、絵梨奈にとって楽しかった？　楽しい思い出の方が強いんか……

姉　：楽しかったよ、楽しかった。あれいつまでやっとったんじゃろうな……小学校行ってから、お父さんがそういう集まり行ってた記憶があんまりなくて。でも保育園とか小学校低学年ぐらいまではよくやっとったイメージ。私がそこによくおったからなのかは覚えてないけど、みんな優しいいし、ニコニコしとるし。

筆者：なんかイージーゴーイングな人が多かった記憶なんじゃけどな。

姉　：そうかもね。接客業しとるからか分からんけど、みんなようしゃべるし。明るくてよくしゃべる、お父さんの仲間って感じの人がいっぱいおった。

（傍線は筆者）

姉が小学校に行き始めてからは、ろう者同士の集まりの頻度も減っていったとのことですが、それまではよく集まっていて、姉もそこに参加していたそうです。そこに集まるろう者はみんな優しくてニコニコしていて、姉も楽しく過ごしていました。このようにろう者との時間は姉にとって楽しい記憶として残っていました。

妹の場合

一方で妹はろう者との旅行などを「楽しかったけど大変だったかも」と振り返りました。大変だった理由として、旅行中の聴者とのやりとりをコーダが担っていたことが挙げられました。また、姉とは対照的に、ろう者の集まりには積極的に参加はせず「見ていた」と話しました。

筆者：小さいとき、さくら、ろう者の人とか、まあうちもそうじゃけど、一緒に旅行行ったりスキー行ったりしとったが。その時の記憶っていうか、「楽しかったな」「イライラしたな」とか（ある？）

妹　：うーん、楽しかったけど……大変じゃったかも。（笑）

筆者：何が？

妹　：なんか注文するときとかさ、子どもたちが基本注文しとったが、親の代わりに。じゃし、チェックインのときもさ、昔、家族旅行に行ったときに、絵梨奈がカウンターで通訳しとったの、撮影したビデオ覚えとる？　なんかビデオ見たじゃん。
筆者：覚えてない。

（中略）

筆者：色々聞こえん人との集まりとかに連れて行かれとった？
妹　：ない。集まり？　ない。
筆者：絵梨奈がよう言う、その散髪の。
妹　：あー、お店に来とったってやつの？
筆者：うん。
妹　：ううん、参加してないもん。やっとるなあ、って見とったけん。
筆者：そうか、絵梨奈はそういうのにガンガン入っていっとったんか。
妹　：そうそう、たぶん。私は全然。一人遊び好きじゃったし。

（傍線は筆者）

姉と私とは対照的に、妹は恥ずかしがり屋&甘えん坊で、ろう者の集まりに積極的に入っていく性格ではありませんでした。いつも母のそばに妹がいた記憶があります。

それぞれで違うろう者との関わり方

三姉妹で同じ場にいたはずなのに、ろう者との関わり方や記憶の残り方はバラバラだという点も興味深いです。両親が楽しそうにろうの仲間と手話で話している光景が、今でも鮮明に残っていて、その時の空気感や音（ろうの声や笑い声）が、自分の幼少期の楽しかった記憶としてインプットされています。

このように、幼少期には親の周りにいるろう者と関わる機会が多くありましたが、姉と妹は大人になってからろう者とほとんど関わっていません。三姉妹の中で唯一私だけが、大人になってもろう者と関わる機会を持っています。研究関連や前職のろう学校での仕事を通して、「親の友達」以外で同世代のろう者の友達ができ、「ろう者」の概念が広がりましたし、親の偉大さもさらに実感するようになりました。

写真４　沖縄旅行に行ったときの家族写真

姉妹とのインタビューを通して感じたこと

個々のコーダの語りを聞くことの意義

同じ家庭で育った三姉妹コーダでも、コーダとして重なる経験とそうでない経験があります。「コーダは多様である」ということは繰り返し先行研究などでも述べられていますし、コーダに関わる人全員が頭では理解していると思います。しかし、私たちはどこかで同じラベルを持っている人が「同じ」であることを求めてしまう傾向にあります。この章で私が一番伝えたかったのは、同じ聞こえない両親のもとで育った三姉妹でも、「コーダ」という言葉が与える影響の大きさ、手話通訳者に対する態度、両親やろう者に対する見方がそれぞれ違うのだから、コーダ一人ひとりの経験にきちんと耳を傾け、「同じコーダでも違う」ということを私たちは常に意識する必要があるということです。「コーダだから」や「コーダなのに」という発言を耳にするたびに、そして自分もそのように思ってしまうたびに、それは誰／何によって作られた「コーダ像」なのか考えてしまいます。いったい誰／何が「コーダ像」を作っているのでしょう。架空の「コーダ像」

から一歩離れるためにも、さまざまなコーダの語りを聞き、発信することに意義を感じています。

コーダの経験を共有できる身近な存在

コーダの中にも、きょうだいがいるコーダ、そうでないコーダ、きょうだいがいて良かったと思うコーダ、そうでないコーダ……さまざまだと思います。私は、姉妹がいて本当に良かったと思っているコーダです。気軽に両親やその周りのろう者について話せる存在が身近にいることで、コーダとしての悩みを深く抱え込まずに済んだと思っているからです。ここで大事なのは「きょうだいがいるかどうか」よりも、「気軽にコーダ特有の経験を共有できる人が身近にいるかどうか」ということだと思います。つまり、一人っ子コーダでも「聞こえない親をもつ」ことに関する経験を共有できる存在が身近にいれば、コーダの精神的負担は軽減されるのではと思います。

一方で、学齢期や思春期のコーダは聞こえない親のコミュニティとは離れて過ごす時間が増えるので、「自分は他の人と違う」という悩みを一番抱えやすい時期に、それを気軽に話せる相手が身近にいないという状況に陥りやすくなるのも事実です。私自身、思春期に「自分は他の友達とは違う」という感情を抱きながらも、「でも姉や妹も同じような環境だから」と乗り越えてこられたような気がします。

コーダときょうだい

二〇二三年六月末に韓国で開催されたコーダ国際会議（CODA International Conference）では、一人っ子コーダ（OCoda: Only child in a family）、きょうだいがいるコーダの中でもきょうだいと参加しているコーダ、きょうだいの中で自分だけが参加しているコーダなど、さまざまな家族構成や背景をもつコーダが集まって話すブレイクアウトセッションもありました。一人っ子コーダだから大変だったこと、コーダのきょうだいがいたから助け合えたこと、逆にコーダのきょうだいがいるから苦しかったこと、さまざまな感情があると思いますが、それぞれの属性のコーダで異なった経験をしているということが、ブレイクアウトセッションとしてそのような枠を設ける要因にあるのだと推測します。

この章を読んでくださっているコーダのみなさん、きょうだいはいらっしゃいますか。もしコーダのきょうだいがいらっしゃるようでしたら、ぜひコーダの経験についてきょうだいで話す機会を作ってみてください。照れ臭いとは思いますが、一番身近なコーダであるきょうだいと話してみることで新たな発見が生まれるかもしれません[7]。

きょうだいだけど違う――結局コーダって何？

コーダ一人ひとりの経験はそれぞれで多様です。コーダ一人ひとりが違うのであれば「コーダ」というラベルが存在する意義は何なのでしょう。これを考えるヒントとして、「聞こえない・聞こえにくい親がいて、自分は聞こえる」という条件下にある人、つまりコーダが共通して経験したことや共通して持つ価値観などについて、私自身知りたいと思い、コーダを対象とした研究に興味を持って取り組んできました。共通点を探してきたつもりなのに、結局分かったことは「同じところもあるし、違うところもある」ということです。私たちコーダ三姉妹の経験でも、「思春期に手話から離れた期間があった」など重なるものはありましたが、「手話から離れた期間」の長さや離れたいと思った気持ちの度合いなどが詳細に一致しているわけではありませんでした。また、「コーダ」という言葉や手話通訳者に対する思いやろう者との関わり方も、三姉妹でそれぞれ異なっていました。同じ家で同じろう者の両親に育てられても個々の経験は違う、という当たり前だけど忘れてしまいがちなことを、姉と妹とのインタビューから改めて認識させられました。

コーダ研究をはじめて一〇年近く経った今でも「コーダとは何なのか」という問いに対する答えはまだ見つからないけれど（むしろどんどん答えが遠くなってきている気がするけれど）、これからも私のコーダ研究の旅は続きます。

■注

1 守屋二郎・岡山県立岡山聾学校同窓会 2013『仕事・無音――聴覚障害者の社会参加と貢献の実態リポート』古今社：196-201 にも両親が理容店を営む様子が記されています。

2 （ ）内はインタビュー書き起こしデータに筆者が追記したものです。また固有名詞などについては個人の特定を防ぐために筆者が変更を加えている箇所もあります。普段、姉のことは「絵梨奈」、妹のことは「さくちゃん」または「さくら」と呼んでいますので、インタビューの書き起こしもいつも通りの呼び名を示しています。本章に引用されているインタビューの内容については姉と妹から承諾を得たうえで掲載しています。

3 澁谷智子 2009『コーダの世界――手話の文化と声の文化』医学書院

4 木村晴美・市田泰弘 1995「ろう文化宣言――言語的少数者としてのろう者」『現代思想』23(3)：354-362

5 読者の中で手話通訳としてコーダに関わってくださる方もいらっしゃるかと思います。ここに書かれていることは「ある一人のコーダ」が幼少期に感じていたことであり、すべてのコーダに共通することではないことを改めてお伝えさせてください。

---

6 社会福祉法人聴覚障害者情報文化センター 2023『第三三回（令和四年度）手話通訳技能認定試験（手話通訳士試験）結果』: http://www.jyoubun-center.or.jp/wp-content/themes/joubun/pdf/slit/33_result_summary（二〇二三年八月三〇日閲覧）

7 インタビューに協力してくれた絵梨奈（姉）とさくちゃん（妹）ありがとう。これからも助け合っていきましょう。そして、私たち三姉妹にたくさんのことを経験させてくれた両親にも「ありがとう」を伝えたいです。

第3章

対話とともに変わった家族像

井戸上勝一

書くことを決めた理由

私は現在二七歳で、ろう・難聴児の教育に携わるＮＰＯ法人で仕事をしています。現職に就くまでは、障害福祉領域で幅広く事業を展開するＬ社に勤めていました。こうした仕事に就いた背景を話す際、「聞こえないご両親のために今の仕事をされてるんですね」と言われることも少なくありません。しかし、二〇歳くらいまで、福祉や教育に携わることを想像もしていませんでした。実際、周りのコーダを見渡してみても、みんな手話や福祉に関わる仕事に就くかというと、違います。私には三歳年上の姉がいますが、姉は私の仕事に興味を持つどころか、「コーダ」という言葉にもあまりピンと来ていません。

今回「コーダをテーマにした本の執筆をしませんか?」とお声がけを頂いた時、正直迷いました。なぜなら、自分の中でまだ言語化できていない何かがあるからです。「ことば」に昇華しきれていない状態で、人の目に触れ、記録が残ることに不安があります。二〇歳以降の人生の中で思いもしなかった体験や対話を経て、「家族」、そして「コーダ」である自分自身の捉え方が大きく変化してきました。「ことば」にする過程では自分との対話が必要になります。自分がまだ気付いていない何かが見つかりそうな気がしています。「ことば」にするという行為の持つそうしたパワーを信じて、今回執筆することを決めました。まだ記憶がない頃の自分を知るためには、家族と対話したり、実家に眠っていたホームビデオの映像を見返す必要がありました。

冒頭で「聞こえないご両親のために今の仕事をされてるんですね」と言われることがあると書きましたが、そこには少しばかり違和感があります。なぜなら、誰かのための慈善的な活動という前提を汲み取ってしまう自分がいるからです。実際は誰かのためというより、自分のためにやっている感覚の方が強いです。音のない世界にある豊かなものが、自分を未知なる世界へ連れて行ってくれる感覚があり、その世界をもっと知りたい、誰かと共有したいという気持ちが強いです。とはいえ、それは小さい頃から言語化できていたことではありません。「家族」そして「障害」という言葉の解釈も自分の成長とともに大きく変わっていきました。社会で両親は「障害者」というラベルで見られることも少なくないですが、私自身の経験をお話することで新たな解釈が生まれたら嬉しく思います。

誰しも、人生の中で点と点が繋がって線になる瞬間があるはずです。私は二〇代前半がその時期でした。この本を手に取った方の中にはコーダもいると思いますが、必要以上に「コーダ」という言葉に敏感にならなくていいと思います。コーダは日本に約二万人いるようですが、それぞれの体験にはグラデーションがあります。物事には絶対的な答えは存在しないと思っていますが、コーダも同様です。それぞれの人生の一要素として、「コーダ」というラベルがあるに過ぎません。自分自身の人生にどんな意味を見出すかは、その人の捉え方次第です。コーダに関わらず、学齢期の子どもたちやその保護者がこの本に触れて、新しい問いを持ってくれるだけでも、執筆した甲斐があります。私自身の見る世界がどのように変わっていったのか、感じてもらえたら嬉しいです。

幼少期の体験

ここからは私の家族についてお話しします。私は一九九六年に奈良県橿原市で生まれました。当時の家族構成は、ろう者の母、盲ろう者の父、聴者の祖父母、三歳年上の聴者の姉と私の六人家族でした。また、私が小学校三年生になるまでは実家の隣には、ろう者の叔父、ろう者の叔母、姉と同じ三歳年上のろう者の従兄弟の家族が生活していました。大学生になり一人暮らしを始めるまでの二〇年間、私はこうした環境で過ごしていました。両親のことを話すと「小さい時から手話ができたんですよね？」と言われることが多々ありますが、私の場合はそうではありませんでした。今でこそ手話で両親とコミュニケーションを取っていますが、子どもの頃は指文字と簡単なホームサインを駆使して会話をしていました。

母から「私が覚えている限り、あなたが最初に話した言葉は、喉が乾いた時に喉を抑えるジェスチャーをしたことかな。あとは、私やお父さんと話す時とおじいちゃん、おばあちゃんと話す時で、声とジャスチャーのモードを自然に切り替えていたね。子どもって不思議だなと思っていたよ」と大人になってから聞きました。私の記憶にはなかったのですが、手話と日本語が共存する環境で子ども時代を過ごしていたことが分かります。

「どうやって日本語を覚えたのか？」という質問もよく受けますが、日本語、そして社会のことは、姉や祖父母から教えてもらうことが多かったように思います。祖父は若くして鉄工所を起業し、実家のすぐ側に工場を構え、私も姉も幼い頃から祖父の仕事を見て育ちました。祖父母は両親とは口話で話すため、お互いに伝わっていない場面がよくありました。今でこそ両親と祖父母の会話が通じていない場面が気になって仕方ないですが、その当時は周りと比較する機会もなかったので、「家族の会話ってこういうものなんだ」と思っていました。

写真１　従兄弟家族とプールで父の真似をする姉と私

私は高校まで野球をしていましたが、祖父母は、どれだけ仕事が忙しくても、どれだけ遠くても、毎試合欠かさず見に来てくれました。今思うと、孫というより、子どものように私や姉のことを想ってくれていたのかもしれません。

そんな祖父母以上に私の価値観に大きな影響を与えたのは両親で

す。母は、大阪府生まれ、両親、姉の四人家族で、自分以外は聴者という家庭で育ちました。その当時のろう・難聴児への教育は、口話教育が根強く残っていました。「学校では手話を使ってはいけなかった。相手の口元を読む練習や飴を舐めて発音をする訓練をしていたよ」と母が教えてくれたことがあります。聾学校を卒業後、大手メーカーに就職し、その後別の大手メーカーで勤務していた父と出会い、結婚と共に奈良に移り住みました。夫婦間では手話を使う母ですが、私と話す時は声を使うことが多かったのも、幼少期の頃の環境が影響しているのかもしれません。

私が小さい頃の母の印象は、「優しさの中に強さがある」というイメージでした。これまで母が弱音を吐いているシーンを見た記憶はなく、私に対しても、何かを強いること、私の考えを否定することもほとんどありませんでした。どんな時も自分のことより家族を優先する人です。今の仕事に就いてから、母が小さかった頃の話を聞いた際には、「夜ご飯の時に家族の会話に入れないこともあったね。みんなでテレビを見ていても当時は字幕もなかったから、一人で少女漫画を読んでることが多かったね。そのおかげで日本語が得意になったけど」と、笑いながら教えてくれました。強さの裏にあった孤独の存在に触れた瞬間でした。

一方、父は周りから「ジャイアン」と呼ばれるくらい、体格も態度も大きい人で、良くも悪くも周りにいる人の注目を集めるような人でした。父は、ろう者の弟とともに、幼稚部から高校卒業まで奈良県にある聾学校に通い、その後、母と同じく大手メーカーに就職しました。父は小さい頃から手話のある環境で育った日本手話で話すろう者でした。父との思い出として、大阪にあった「円谷ジャングル」[1]に二人で遊びに行ったことを覚えています。当時、指文字しかできなかった私が、どのように父の話している内容を理解していたのか思い出せないのですが、不思議と通じていたように思います。

　最後に姉についてです。コーダのあるあるとしてよく出てくる幼少期の通訳体験に馴じみがないのは、姉の存在が大きかったように思います。両親との外出時や親戚が集まる場所で、いつも通訳していたのは姉でした。幼い頃のビデオを見返すと、声と簡単なジェスチャーで話す私と対照的に、声を使わず手話で話す姉を見て、驚いたことがあります。姉の存在もあり、私自身、両親の耳が聞こえないことを意識する機会が少なかったです。ただ、年齢を重ねるにつれて、家庭内と社会との感覚のズレに気付いていきました。

　大の巨人ファンだった祖父が、家でよくプロ野球中継を見ていた影響で、私は小学校一年生から地域の少年野球チームに入部しました。当時は「お茶当番」という、保護者がグラウンドに来て監督の飲み物を準備したりする裏方の役割があったため、保護者の参加が半ば強制でした。ここで最初の疑問が出てきます。入部の最初の挨拶では、母ではなく祖母が挨拶したのです。そして、祖母が「この子の両親は耳が聞こえませんが、よろしくお願いします」と、両親に代わり話をしました。この時は「なんでうちだけおばあちゃんが話しているんだろう?」と疑問に思う程度でしたが、学校行事などで、度々両親の代わりに祖母が出てくる場面を見て、なんとなく意味を理解し始めました。

小学校三年生になった頃でしょうか、学校でお母さんへの感謝の気持ちを伝える作文を書く機会がありました。そして私の提出した作文が学校から表彰を受けたのです。他の友達と同じように純粋に自分が思う母親のすごいところを書いただけだったのですが、表彰されたのです。その時、先生にかけられた「大変だけど頑張ってるね」という言葉が、自分のいる環境は他とは違うんだという認識をもたらしました。

学年が上がるにつれ、違いを感じる瞬間もどんどん増えてきます。友人が自宅に遊びに来ることも度々ありました。我が家では、インターホンを押すと、「ピンポーン」というチャイムではなく、家中の部屋が光る仕組みになっています。その光景を友人に驚かれた時、これは友人の家にはないことなんだと初めて知りました。

周囲の視線を感じやすい中学生の頃になると、手話をすること、そして両親と会話することを避けてしまっていたのも事実です。授業参観や行事で通訳が来ることを嫌だと言ったこともありました。そんな私を両親は一切咎めることなく、「わかった」と受け入れてくれました。その時のやり取りを思い返すと、心に重くのしかかるものがあります。もし、自分が両親の立場だったら、子どもにも同じ言語を持って欲しいときっと願うだろうなと。「本人がやりたいというまで手話を強制しないでおこうと思っていた」と後に聞いた時に初めて、両親が私の意志を一番に尊重してくれていたことを知りました。

リビングで音楽番組を見る時、祖父母と声で話をする時など、思い返せば両親と共有できなかった時間や空間もある一方で、共有できたものとしてスポーツがありました。スポーツを通して、自分が両親と社会の接点になっていたことを実感した瞬間があります。少年野球チームでは、祖母とともに母はずっと野球に来てくれていましたが、父はなかなか来てくれなかったのです。その当時は「人見知りなのかな」と思っていたのですが、「聴者の世界に入った経験がなかったから、自分は楽しめないと思っていた。聴こえる人をどこか別の世界の人のように感じていた」と大人になっ

写真２　野球のユニフォームを着る父と私

て父から聞いた時は驚きました。

そんな父が私が小学校三年生になった頃から積極的に参加してくれるきっかけとなったのは、私の同級生の友人のお父さんの存在でした。半袖を着ると刺青が見えるような一見近寄り難い人でしたが、心はとても温かい人でした。私の父と話がしたいという理由で、手話の本を買って指文字を覚えて来たのです。初めて話をした時の父の嬉しそうな表情を今でも思い出します。両親と一緒に過ごす中で色んな人と出会って来ましたが、人の本質は見た目や肩書きでは判断できないものであることを幼いながらに感じた最初の体験だったかもしれません。

「コーダ」を自覚した出来事

高校まで毎日野球に没頭していた私は、家族と共有した時間がそれほど長かったわけではありません。家庭内の通訳は基本的に姉が担ってくれていました。もちろん両親がろう者であることは自覚していましたが、自分自身の境遇の捉え方が大きく変わったタイミングがありました。

中学時代の反抗期を経て、高校生になった私は、奈良県にある公立高校の野球部に入部しました。強豪校というわけではないですが、それなりに部員数もいる野球部で、最終学年でキャプテンを務めるまでになりました。その際、野球と関係のないところで気になったことが一つありました。キャプテンの親は保護者会長として保護者会運営の中心を担うという決まりがあったのです。「何を心配するの?」と思われるかも知れませんが、「周囲とのコミュニケーション面でこの役目は重荷になるだろうな。その決まりがあるなら自分も断念しようか」と当時は本気で考えていました。ただ、両親が、「あなたがやりたいならやりなさい。私たちもできることをやるから」と言ってくれた時、野球をやる理由が自分だけのものではなくなりました。

この経験は沢山の気付きを与えてくれました。保護者会といえ、八〇人も部員がいると大変です。企画運営から、保護者全員への連絡、行事ごとに代表者として発言を求められるなど。両親が書記日本語が苦手だったことも、この時に初めて知りました。私が両親に代わってメールを書いたり、発表の原稿を事前にチェックすることもありました。野球に集中したいなという気持ちも正直ありましたが、引退する際に、「新世界を見せてくれてありがとう。私たちが成長させてもらいました」という両親からのメッセージを見て、自分の選択は両親の見る世界を変えるきっかけになっていたことを知りました。

また、高校生にもなると、色んな世界が見えてきます。その頃、祖父が経営していた鉄工所が倒産するという大事件がありました。姉や私には、そのことはずっと知らされておらず、ある日、野球の練習を終えて帰ると、家で祖父母と両親がお金のことで激しく口論していたのです。その時に初めて、祖父の会社が倒産したこと、借金の返済のために両親があれこれ動いていたことを知りました。お金の問題というのは、ここまで家族の関係を壊すのかと身にしみて感じた出来事です。ほとんど手話のできなかった祖父母と両親の会話は、度々すれ違います。傍観することもできましたが、どうしても話に入らざるを得ない。ただ、感情的になる父親に対して、私も言いたいことが伝わらず、途方に暮れたことを今でも覚えています。当時の自分は「伝わらない」「分かり合えない」ことをネガティブに捉えていました。しかし、体験してきた世界が違う以上、誰しも一〇〇％分かり合うことは難しいことなんだと今になって分かります。父との衝突の数々から「相手の前提に立つことから始める大切さ」を自然と学んでいたのかもしれません。また、「聴覚障害者」としてではなく「父」として見ていたからこそ、自分も感情的になってしまうことも、福祉という枠組で仕事を始めてから気付きました。

両親との関係の中で自分の価値観が形成されてきたことは理解していましたが、それは単に我が家だけの話であって、自分の中では「コーダ」の体験ではありませんでした。ただ「自分が何者なのか?」という問いを持つ瞬間があったことが、「コーダ」という言葉との出会い、そして今の仕事に導いてくれたように思います。

高校を卒業し、大学生となり、二〇歳の成人式を迎えた直後くらいでしょうか、祖父の末期癌が発覚しました。誰よりも私のことを応援してくれていた祖父の衰弱していく姿に、私も無気力になってしまったことを思い出します。祖父は数ヶ月にわたり治療を続けてきましたが、闘病生活の辛さからか、ある日突然自ら命を絶ちました。何が起きたかよくわからず、救急車に乗り込み病院に向かったこの日のことは、時が止まったように今でも覚えています。この時、モヤモヤしたことがいくつかありました。家庭内で起きた出来事に対して状況をいまいち理解できていなかった両親、延命治療の選択を迫られたのは両親ではなくなぜか自分だったこと、お葬式の準備を私や姉が進めてしまい、後に父から「葬式の段取りくらい、自分が中心でやりたかった」と言われたこと。家庭内における私や姉の役割が大きかったことを実感したタイミングでした。

落ち着いたと思ったのも束の間、次は母のがんが発覚しました。当時一人暮らしをしていた姉が実家に帰省した際、入浴時に見た母の姿に違和感を覚え、翌日病院に行ったことがきっかけでした。見つかった時にはすでにステージ４まで進行していました。母は今も元気に過ごしていますが、当時はなぜもっと早く言わなかったのかなど、色んな疑問が駆け巡る中、自分は母のために何ができるのだろう、そんなことを日々考えていました。

写真３　母との旅行

生死に触れる瞬間は、考えもしなかった「問い」を与えてくれます。人生というものは不思議で、自ら終了ボタンを押すことも、予告なく急に終了してしまうこともあるのだと。無情にも必ず終わりがくるこの人生をどう生きるか？　という宿題をもらってからというもの、何も手につきません。母は悟っているのか、「欲しいものは特に何もないよ。三日分の衣服があって、いつもと変わらず過ごせていたら十分」とサラッと言います。そうした母から「生きる」とはどういうことか教えてもらったような気がします。

そんなどこかフワフワした時間を過ごしている時に、たまたま大学の図書館で出会ったのが

『コーダの世界』という本でした。「コーダ」という言葉を与えられた時の感覚は、どこか不思議なものがありました。妙な納得感というか。当時の私は、大学を卒業したら流行りのＩＴ企業にでも就職しようと意気込んでいたのですが、祖父や母から与えてもらった問いに答えるかのように、私は自分の人生を知りたくて、障害福祉という道に進むことを決めました。

体験とともに補完される記憶

大学卒業後、障害福祉領域で幅広く事業を展開するＬ社で最初のキャリアをスタートしました。放課後等デイサービスという障害のある子どもの通所施設の情報を掲載するＷｅｂサイトを運営しており、私は施設を巡回する営業に従事していました。関西圏を中心に施設を回る中で、耳の聞こえない子どもたちと出会う機会も少なくありませんでした。その仕事で印象に残っている光景があります。手話でコミュニケーションを取れるスタッフも友達もいなくて、教室でも孤立する耳の聞こえない子どもたちの姿でした。その子どもたちの様子は、母から聞いた幼少期の経験と重なります。「家庭内で聞こえないのは自分一人。家族に相談してもどうせ分かってもらえないと当時は思っていた」。大病をした時に、誰にも相談せず自分一人で抱え込んでしまった母を見ていると、幼い頃の体験がどれほど重要か分かります。目の前の子どもに対して、自身が今の仕事を通してできることの少なさ、無力感が、まだ何者でもない新卒二年目の私に強く残っていました。そんな中、私の上司が担当していた営業先に現在私が働くNPO法人がありました。全国でもろう・難聴児を対象とする施設が数件しかない中、大阪府で初めてろう・難聴児を専門とする施設を運営していました。上司の紹介でしたが、このNPO法人の代表理事であるOさんが、私が人生で初めて出会ったコーダでした。

一緒に過ごしていないのに、Oさんと幼少期の経験や互いの家族の話をしていると、どこか兄弟のような感覚になったことを思い出します。社会に対する、うまく言語化できなかった違和感を、初めて共有できた相手でした。出会った日に「いつかここで働こう」、そう決めました。

その後もOさんに連れられて多くのコーダと出会いました。コロナが拡大する前の二〇一九年にコーダ研究会なるものが東京で開催されており、そこに参加した時に、この世の中にこんなにもコーダがいたんだと驚いたことを覚えています。自分自身、手話ができなかったことにどこか負い目を感じていたのですが、「コーダ」と一口に言えど、家族でのコミュニケーション方法、それぞれが体験してきたこと、そこから感じ取ったことに大きな違いがありました。この発見は、私にとって新鮮で、自身の体験を言語化するためのヒントとなりました。

「コーダ」という言葉を自分なりに解釈していく過程で、自分を動かした大きな体験がありました。ＮＰＯ法人の子どもたちのキャンプ企画に、一泊二日のボランティアスタッフとして参加

写真４　コーダの友人

した時のことです。子どもと山の中を走り回ったり、一緒にカレーを作ったり、色んな企画があったのですが、その一つに、中高生の子どもたち一五人程度と夜に話をする機会がありました。思春期の子どもらしく恋愛の話もありましたが、最後の話題で「耳が聞こえないことをどう思っているか？」という質問が出てきたのです。両親にも聞いたことがない質問で、ドキッとしたのが正直な感覚でした。「聞こえていれば、こんなこともできたはず」。「友達と出会えたのは、今の自分があるから」。子どもたちの答えが半分に分かれたことは、大きな気付きを与えてくれました。聞こえないという事実は同じでも、そ

の子が出会ったコミュニティによって、今の自分を肯定できるかが決まるということ、逆にいうと、周囲の環境次第で「障害」と言われるものがなくなることを、子どもたちから教えてもらいました。

その後、新卒で入社したL社を二年半で退職し、NPO法人に転職しました。ここでの仕事を通して出会った人や新しく知った世界によって、家族の捉え方がガラッと変わりました。会社のある大阪市谷町六丁目という地域は、近隣に聴覚支援学校があったり、昔ろうあ会館があったりろう者にも馴染みのある地域です。近くで補聴器を販売している会社があり、ふとしたご縁でそこの社長と食事にいく機会がありました。初めて私の自己紹介をした時、「あの井戸上さんの息子か?」と聞かれ、「はい」と返答した直後、社長が泣き始めたのです。よくよく話を聞くと、私の父が十年以上前から通っていたお店らしく、「君のお父さんには、昔から本当にお世話になっていた」と言われました。その話には、自分の知らなかった父の姿が凝縮されていました。私が見てきた聴者の世界にいる父は、どこか独立した存在で、周囲とあまり交わろうとしませんでした。誰かが涙を流すほど感謝する人という、僕が知る父からは想像できなかった姿を知ったと同時に、今まで私は父の一側面しか見ておらず本当の父に触れてこなかったことを痛感しまし

した。

指文字と簡単なホームサインしか知らなかった私は、仕事を通して手話という言語を身に付けていきました。ある時、久々に父と会話する機会がありました。その時に手話で話し始めると、「お前なんか賢くなったな」と父が感心したのです。私の頭が急に賢くなるなんてことはないわけです。きっと、手話という共通の言語を持った時に、父にも私の姿が違って見えたのでしょう。逆に、今までは浅い会話しかできていなかったことを、この発言を通して感じました。学生時代は「思春期の親子のコミュニケーションってこんなもんだろ」と思って過ごしていたのですが、同じ言語を持つことが同じものを見るためにどれだけ重要なことだったかを感じます。共有できなかった時間を取り戻すかのように、社会人になってから家族とのコミュニケーションが増えていきました。私もうっすら覚えている程度の両親の友人のろう者や通訳の方と再会する機会も度々ありました。そうした出会いを通して、自身の幼少期の頃の体験が再解釈されていきました。小さい頃に祖母や周囲の人の行動から感じていた「手助けしてあげないといけない人」という無意識な保護への違和感など、色んな疑問が紐解かれていく期間でした。

社会にある「当たり前」を疑う

ろう・難聴の子どもたちの教育に関わる仕事を通して、その保護者の方々、そして、社会で活躍する同年代のろう者、難聴者の方とも会ってきました。こうした出会いから、「障害」や「能力」という言葉の意味を考えるようになりました。子どもたちと話をしていると、「将来保育士になりたいけど、子どもの話していることがわからないから私には難しいかな」「ゲーム実況をするYouTuberになりたいけど、聞こえないからできない」などの話をしてくれたことがあります。私の父も祖父の影響で鉄工所で働きたいという気持ちがあったものの、当時は情報保障もなく、手話で学べる環境がなくて諦め、学校からも両親からも障害者雇用で働ける会社を勧められたそうです。バスの運転手も看護師も、昔は聞こえないというだけで資格取得すらできませんでしたが、今では何名もの事例があります。こうした多様なキャリアを歩むろう者・難聴者を見た時に、この問題の本質は、「自分もできる」と思えるようなロールモデルの存在、そして期待して応援してくれる人の存在があるかどうかであり、出会う環境で結果は変わるのではないかと感じるようになりました。

社会一般にある「能力」という基準で両親のことを見ると、「できない」面に目を向けてしまいがちになります。周りから両親のできないことを見せつけられることも幼少期はありました。しかし、そもそも「能力」というものは形のないものであり、環境次第でいくらでも発揮できるということを、仕事を通して教えてもらいました。子どもたちの中にある「やってみたい」という内発的動機を持続させるための教育、そして実際にチャレンジできる環境を作ることが何よりも重要です。実家では祖母が進んで両親の代わりをしていましたが、それは両親の意思決定の機会を奪っていたとも言えます。そうした保護的な関係性が、今の子どもたちにも起きている。自分で決めること、失敗した時にポジティブな解釈をさせてあげるメンター的存在が周りにいることが大事です。

「障害」や「能力」は、その人を取り巻く人たちの間でどういう価値観が共有されているかによって変わってくるものであると自分なりに解釈していますが、社会の中には「耳が聞こえない＝福祉の対象者」という眼差しが強く存在しています。コーダとして生きる中で、「えらいね、頑張ってるね」と哀れみなのか何なのか良くわからない言葉を無自覚にかけられることがありましたが、それは今の仕事でも同じです。耳の聞こえない子どもの教育に関わっているというだけで、「かわいそうな人の支援をしている」という見られ方をすることも少なくありません。しかし、それは違います。実体験も含めて言えることですが、聞こえないということは、身体感覚が違うということであり、言語、文化、そして世界の捉え方が違うことを意味しています。

私の父は、聴覚障害だけでなく、網膜色素変性症という病気で夜盲症[2]と視野狭窄[3]という症状がある盲ろう者です。生まれつきですが、年齢を重ねるにつれて症状が悪化してきました。視力が低下しているのは知っていましたが、大人になってから父親が盲ろう者であることを知りました。父の繋がりもあり、私の周りにはろう者だけでなく、触手話で話す盲ろう者の知り合いもいます。NPO法人の活動とは別に、同級生の盲ろう者の友人とともに、「触覚デザイン」を探求するプロジェクトに関わっています。同じ場所、空間にいても、世界の知覚の方法が違います。例えば、一緒に駅構内を歩いている時に、私は目の前に広がる光景を認識しますが、その友人は足の裏の感覚からその土地を記憶していたり、感じる風や人の流れで空間を認知したりしています。父と同様に「目に見えるものが全てではない」ことを体験を通して教えてくれる存在です。私たちが普段感じている「当たり前」は、マジョリティにとっての前提であり、本質ではないことを学びました。

「障害者」というラベルがあることで支援のセーフティーネットが作られる意義は理解できます。ただ、小さい頃は、社会にある尺度で両親を評価されていた違和感だけがありました。その後、多様な人との対話を通して、美しく面白い世界がそこに存在しており、それを両親と共有できていたということに気付きました。父を含め彼らは世界の捉え方が違う人であり、物事の本質を考える上で大事な問いを与えてくれる存在です。

写真５　盲ろう者の友人と触手話で話す

私の感じてきた小さなモヤモヤについてもお話したいと思います。私は高校生になるまで、音を立てて食事をすることはマナーが悪い、ということを知りませんでした。友人に言われて初めて知りました。家の中で両親からそのような注意を受けることも当然ありませんでした。
しかし、「蕎麦」「ラーメン」など、音を立てて食べた方が美味しい食事も存在します。先ほどの例に限らず、日常の中で誰を前提に作られたマナーやルールなのか？　と疑問に思うことも少なくありませんでした。他にも、すれ違う時に人の表情をじっと見てしまい、友人に「喧嘩になるから止めな」と言われたり、「相手を指差すのは失礼だよ」と言われたり、社会にある「暗黙のマナー」に自分も従えていないことが多々ありました。聞こえない人とのやりとりにおいては、それは問題にされないことだったからです。身体感覚の違いに着目すると、今の社会にあるルールや基準が誰を前提として作られてきたのかを考えさせられます。

「ユニバーサルデザイン」とは、年齢や障害の有無などにかかわらず、最初からできるだけ多くの人が利用可能であるようにデザインすることを指します。一方で「インクルーシブデザイン」という、マイノリティの人々も含めてデザインを作っていく考え方・手法もあります。耳の聞こえないメジャーリーガーがいたから審判のアウト／セーフというジェスチャーが生まれた話や、戦時中に負傷した兵士が片手で火を起こして煙草を吸えるようにライターが生まれた話などは、インクルーシブデザインの代表と言えます。違う身体感覚の視点に立ち物事を捉え直すこと、それは万人にとって使いやすいデザインやプロダクトが生まれるヒントになります。身体感覚の違いから「当たり前」を疑うこと、またその世界特有の文化を残していくことに、今はワクワクしています。

体験は誰にも規定されない

ここまで私自身の体験とそこから解釈したことを長々と書き連ねてきました。当時はもどかしい気持ちだけがあり、社会に出て多様な人々との対話を経てようやく言語化できるようになったことばかりだと改めて感じます。言語化していく過程で一つ分かったこと、それは、「体験してきた出来事や両親自体は何も変わっていない」ということです。つまり、年齢を重ねるにつれて、自分の解釈の仕方が変わっただけ。それによって、過去の体験の捉え方が変わった。モノクロの記憶に色が付いたようなイメージです。小さい頃どこか頼りないと感じていた父親は、今は盲ろう者の存在を世の中に広めることを使命に、盲ろう者を主人公にした自主映画制作に仲間と励んでいます。もうすぐ定年を迎える父ですが、多くの人を巻き込み、応援というエネルギーを形に変えている様子を見ると、父にしかできないことが沢山あるものだと実感します。

私自身もコーダの体験を振り返る過程で沢山の対話をしました。仕事柄、取材なども受け、「コーダとして困ったことはありましたか?」と聞かれることがあるのですが、今も昔も「特にないですかね……」と質問者からすると手応えのない回答をしてしまいます。なぜなら、コーダとしてみんなに共通する体験というより、我が家の話であり、自分だけの体験であると解釈しているからです。高校時代の父との関わりを通して、「誰かに問題を押し付けても目の前の状況は何一つ変わらない。変えられるのは自分の行動だけであること」を教えてもらいました。だからこそ、困りごとを境遇のせいにして考えることが少なかったのかもしれません。前提の違う人間であることを肯定した時に初めて、無駄に相手に強要することがなくなり、相手の想いを真摯に知ろうと思えたり、視点の違いとして理解できたりします。コーダはコミュニケーションにおける前提の違うフィールドを行き来する回数が、他の人よりは多いかもしれません。私自身、この経験は生活の中でも生かされているので、貴重な体験を与えてくれた両親には感謝しかありません。

両親と私との関係を中心に話しましたが、二〇二二年に結婚した妻のことにも少し触れます。妻とは高校生からの付き合いですが、結婚する時に、両親のことをどう感じるか考えたこともありました。ただ、結婚を前にした両家顔合わせで、相手のご家族が手話で自己紹介してくれたこと、結婚式で妻が手話で両親に手紙を読んでくれたこと、そうした目の前の相手と繋がりたいという純粋な想いに触れた瞬間は何より嬉しかったことを思い出します。実家に帰る度に、父が嬉しそうに妻に「最近どんな手話覚えた？」と話しているシーンを見ると、なんだか不思議な気持ちになります。

私は二三歳で初めて自分以外のコーダと出会い、それから何十人ものコーダと出会ってきましたが、その範囲だけでもそれぞれの体験には違いがあります。「コーダ」という特定のカテゴリーがあることで、他者に理解してもらいやすいという利点はありますが、その情報だけが一人歩きすることには少々危険性があるように思います。あくまで一人の人間の要素として両親の存在があり、それぞれの体験とそこから見出した意味は違っていて当然です。誰かが規定していいものではありません。同じ空間で過ごした姉と私の間にも、感じていることには大きな違いがあります。今回私が書いた内容も、コーダとしての体験というより、あくまで私自身が解釈した内容です。そして、時間が経つと解釈もまた変わっていると思います。短い私の体験談ですが、誰かの世界の見え方が変わるきっかけになっていれば嬉しく思います。

■注

1　かつて円谷プロダクションが運営していた『ウルトラシリーズ』を題材にした施設。

2　暗いところではたらく網膜の細胞に異常があり暗順応が障害されて、暗いところや夜に見えにくくなる病気。

3　視野が狭くなる症状。視野の中心部のみ残る場合と不規則に狭くなる場合がある。

第4章 コーダから見た情報通信技術の進化とこれから

田中 誠

はじめに

私は一九七〇年代に生まれたコーダです。両親ともに耳が聞こえません。家族構成は両親と私の三人家族です。家族の中での会話は、ほぼ手話だけを使っていました。手話を身につけるために特別に学習をしたという記憶はなく、聞こえない両親との会話の中で、自然に手話を身につけたようです。家族の中だけであれば、音声言語は全く必要のない環境で育ちました。

一方、音声言語は乳幼児期には主に祖母や叔母との会話から、その後、音声言語の習得の遅れを心配した家族によって一歳半から保育園に行くことになり、保育士さんや周りの友達との会話の中で身につけたようです。親族の中で、両親以外に耳の聞こえない人はいませんでした。そのため、物心がついた頃には、両親の通訳をしていました。

その後、一九八〇年代に幼少期を過ごし、二〇〇〇年にかけて成人しました。社会との関わりが広がるにつれて、両親との生活の中で通訳する場面が増えていきましたが、当時、手話通訳制度はまだ十分に整備されていなかったので、自分で通訳をしながら、その時々で、いろいろなコミュニケーションツールや情報収集ツールを使用してきました。私が成長してきた年代は、特に技術が劇的に進歩したのではないかと思います。たくさんの情報通信機器が生まれ、そして消えていきました。そのような状況でしたので、聞こえる人だけではなく、聞こえない人やコーダにとっても、コミュニケーションや情報収集の方法が変化していった時代だと思います。コーダとして育った一人として、私が体験したコミュニケーションツールの変遷と、それぞれの思い出を振り返ってみたいと思います。

電話

物心がついた頃には、家に電話がありました。コミュニケーションツールとして、初めて使い始めたのも電話でした。そして、現在においても使用頻度は少なくなっていますが、必要なツールであり続けています。

母に聞いたところによると、二歳くらいの頃には、祖母が私に電話の使い方を教えていたそうです。時間を決めて祖母が電話をかけるので、その電話を取って、両親に祖母から電話がかかってきたことを伝えたり、祖母に電話をかけたりしていたようです。その時に「もしもし」や「どちらさまですか?」などの電話特有の言葉遣いを覚えました。当時は家にあったのは黒電話でしたので、小さい手でダイヤルを回すのも、受話器を取るのも苦戦していたようですが、祖母や叔母と電話で話すのは楽しかったことを覚えています。そのお陰かはわかりませんが、電話自体は好きでした。用事や体調不良で保育園を休むときも、母に代わって保育園に休園の連絡を電話でしていたそうです。このころは、知っている人との電話が中心でした。

三歳から四歳になると、言葉の数も増え、日常生活の中でも両親の通訳をする機会が増えていきました。それに伴い、通訳として電話をする場面も増えていきました。例えば、両親が聞こえない友人と連絡を取りたいことを電話で連絡する場面です。聞こえない友人の家に電話がない場合、近所の電話連絡を取り次いでくださる方を経由して、要件を伝えるということをしていました。具体的には、まず初めに取次先に電話をします。そこでは、両親が聞こえないこと、聞こえない両親の代わりに電話をしていること、両親が近所の聞こえない友人に連絡を取りたいことを説明するところから会話が始まります。聞こえない両親が聞こえない友人に連絡を取りたいという状況が伝わってから、ようやく要件を伝えることができます。要件を伝え、取り次いでくださる方に、友人に要件を伝えて、返事確認後に電話をかけてもらうことを約束して電話を切ります。しばらくすると、電話が折り返しかかってくるので、その内容を両親に伝えて、ようやく一往復の電話が終わります。

電話をした友人の家にコーダがいると、お互いが前述の説明をする必要が全くなく、お互いが先読みし合えるので話が早かったです。返事もリアルタイムでお互いの両親に伝えることができるし、要件の合間に、コーダ同士でお互いの近況を伝えたり、他愛のない話をしたりすることができたので、両親の電話通訳をするのは自分だけということで悩むことはありませんでした。

また、両親の代わりに電話をかける場面もたくさんありました。病院や会社への連絡、テレビショッピングや出前の注文など、生活のありとあらゆることを電話通訳しました。今で言うところの電話リレーサービスと同じです。ときどき、両親の友人のろう者からも電話での通訳をお願いされることもありました。当時の私は、通訳をしなければならないという義務感やプレッシャーを感じることはありませんでした。かといって通訳をすることでの達成感もなく、聞こえない人に代わって電話をするということは、農家に生まれた子どもが農作業を手伝うように、商店に生まれた子どもが家の手伝いをするように、ごく普通の当たり前のことでした。明らかに子どもの声で、聞こえない親の代わりに電話をしているのに、ほとんどの場面で柔軟に寛容に対応してくれていたのだなと感じます。銀行や信販会社の本人確認など、電話リレーサービスでは、聞こえない人の代理の電話として制度化されていても、受け付けてもらえないことが

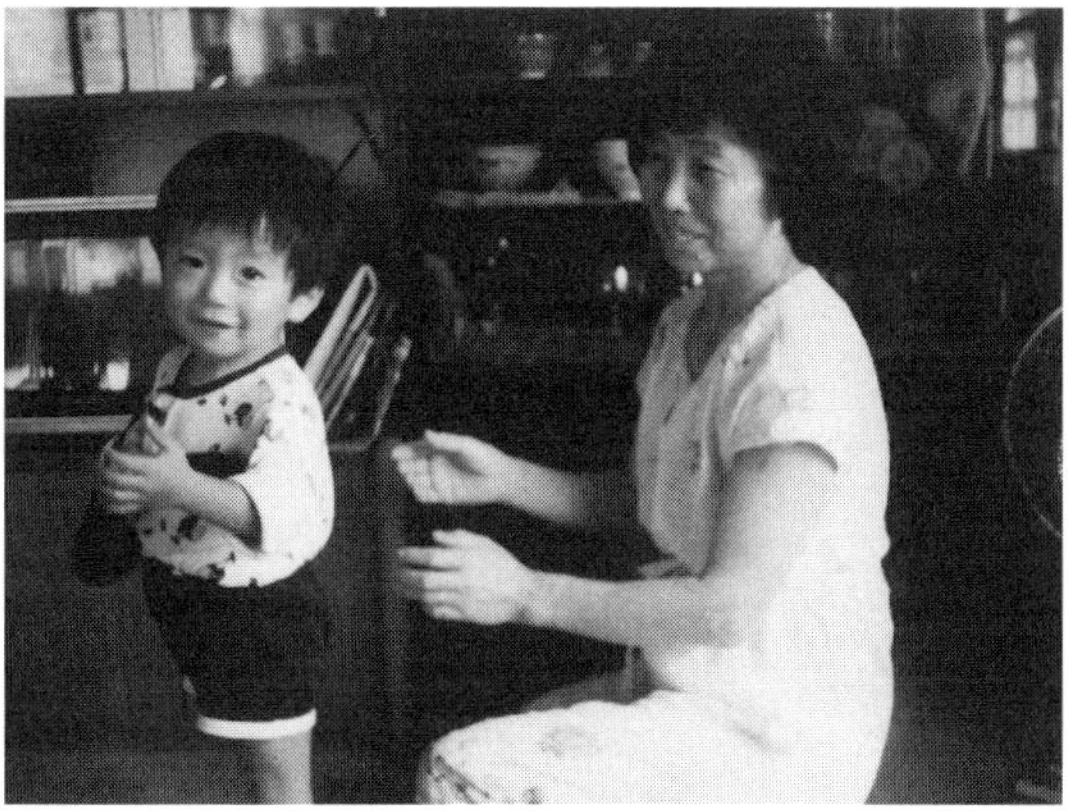
電話の練習をする著者と祖母

あると聞きますが、当時の私は、代理の電話という理由で断られたことはありませんでした。ときには言葉使いを間違えていて怒られることもありましたが、もしかしたら、現在のほうが、社会の寛容さが無くなっているのかもしれません。

今も、片手での手話が多いのは、電話通訳をしていたコーダだったからなのかもしれません。

ファックス

小学生の頃、家にミニファックスがやってきました。現在よく見かけるA４サイズのファックスではなく、用紙のサイズもA５という、文字通りミニサイズのファックスでした。しかも、電話とファックスが一体になったものではなく、ダイヤル式の黒電話に接続して使いました。

ファックスが普及したことで、聞こえない人の生活は大きく変化したと思います。初めは聞こえない人同士での連絡手段でしたが、次第に聞こえる人の社会にもファックスが普及することで、役所への連絡や病院の連絡などで電話することも、少なくなりました。しかし、文章でのコミュニケーションなので、両親の日本語の添削が増えました。添削するぐらいだったら電話で通訳したほうが早い場面もありましたが、それでも、電話での通訳よりは、時間的な負担が少なかったので、ファックスの普及は、コーダにとっても本当にありがたかったです。インターネットが普及した現在でも、大切なコミュニケーションツールとなっています。

ファックスの送受信を観察するのも好きでした。ファックスで送受信されるスピードが一定ではなく、速くなったり遅くなったりするのが不思議でした。ファックスが文字を伝送する原理を調べて、白や黒を連続させることで、送受信にかかる時間が少なくなるのでは？　と、出来るだけ送信時間が短くなるような書き方をするようになっていきました。

ファックスはコーダにとっても大切な存在になっていました。大学院に進学し、実家を出て一人暮らしをしました。携帯電話が普及し始めた頃で、ほとんどの同級生は携帯電話を持っていました。両親との連絡手段を確保するため、ファックスを使うための固定電話回線を引く必要がありました。電話加入権は高額で、しかも長期的に使用する予定ではなかったので、ＩＮＳネット６４ライトという安く固定回線を引けるサービスを契約して、ファックスも使用できるようにしました。大学の友人が部屋に遊びにきたときに、なぜ部屋にファックスがあるの？　と不思議がられていました。一人暮らしの部屋にファックスがある人は少なかったと思います。

キャプテンシステム
(CAPTAIN System, Character And Pattern Telephone Access Information Network System)

電話回線を利用して文字と画像情報を送受信できる通信装置で、簡単なサウンド機能を有しています。天気予報や地域の情報を見ることができました。必要とする情報を得るためには、情報を提供しているそれぞれのサーバーに、直接電話をして接続する必要がありました。電話回線を用いているので、接続するたびに電話代がかかるのも欠点でした。したがって、提供している情報を取得する手段が少なかったろう者や聞こえない人にとっては、手続きの煩雑さもあり、有効に活用できるシステムではなかったのかもしれません。私にとっては思い出のあるシステムで、いまだにタイトル画面の音楽が頭から離れません。また、当時公共の場所でしか触れなかったものが、自宅にあるというのも嬉しかったです。キャプテンシステムは、その後インターネットが普及することで役目を終えましたが、インターネットの礎になったシステムで、子どもの頃にキャプテンシステムに触れていたおかげで、その後のインターネット普及の流れに素早く対応できたのではと思います。

文字放送

ＮＨＫで文字多重放送が始まったタイミングで、文字放送を受信するチューナが自宅にやってきました。今では、リモコンの「字幕」ボタンを押すだけでテレビ画面に字幕が表示されますが、当時はテレビ放送の電波に載せてある字幕のデータを受信する専用の装置を用いて、画面に文字を表示させていました。それまではテレビの連続ドラマを見る習慣はなかったのですが、文字放送を見るようになってからは、独眼竜政宗や武田信玄を毎週のように見ていたのを覚えています。新聞のテレビ欄に記載される［字］を見つけてはチャンネルを合わせていました。民放には［字］が少なかったのが寂しかったです。友達が家に遊びにきたときに、テレビ画面に字幕が表示されているのを、不思議そうに見ているのが楽しかったです。

ワープロ

当時、父親がろうあ協会の役員をしていましたので、協会のお知らせや案内文を作成するために、家にワープロがやってきました。私も小学生でしたが父親に連れられて電機メーカー主催のワープロ教室に通うことになりました。周りはサラリーマン風の大人だけでした。父親の通訳の立場で参加していたはずなのですが、いつの間にか、私も大人に混じって受講生のひとりとしてワープロ教室を受講していました。知らない言葉だらけでしたが、父親と一緒に受講することで、説明していることが理解できてとても面白かったです。当時、小学生だった私に対しても、大人と同様の対応をしてくださった方に感謝しかありません。

ワープロはすっかりおもちゃの代わりになりました。子どもながらにいろいろな機能を駆使していました。外字機能を使ってロゴマークを作ったり、いろいろな機能を使ったりして、イベントのお知らせを作るのが楽しかったです。

ワープロの頃からは、教えてくれる大人は少なくなり、同級生にもワープロの話題で話ができる人はいなかったので、人に頼ることもなくなんでも試行錯誤でやってみるという習慣がつきました。ワープロに馴染んでいたおかげで、小学生の頃からキーボードの操作にも慣れることができ、その後のパソコン操作もスムーズに覚えることができたと思います。

文字電話

自宅以外でも出先でも両親と連絡がリアルタイムに取れるようになった初めての装置です。携帯電話を持つ前に使っていました。テガッキーは、ＰＨＳ通信網を利用して文字や手書きの画像を送受信できる携帯端末です。発売されてすぐに家族全員で端末を購入しました。画面が小さくて、手書きの文章をやり取りするのはあまり現実的ではありませんでした。また、タッチペン入力のため文字変換が煩雑だったこともあり、聞こえない人の中でもあまり一般的にはなりませんでした。ろう者の間でも普及するまでには至らなかったと思います。そのため、持っている人も少なく、家族以外にはあまり活用することはありませんでした。しかし、離れた場所にいる家族に、リアルタイムに連絡を取る手段を得たことは、本当に画期的でした。周りの聞こえる人たちは、この状況を何年も前に手に入れていたのかと驚きました。携帯電話のメール機能が充実したことと、ＰＨＳ通信網が廃止されたことで、現在は使うことができませんが、端末は大切に保存しています。

携帯電話

携帯電話が出た当初は、あったら便利なんだろうなと思いましたが、購入するまでには至りませんでした。しかし、メール機能が使えるようになったことと、ショッピングセンターでも無料で携帯電話を配り始めたことも相まって、聞こえない世界にも携帯電話が普及し始めました。家族それぞれが携帯電話を購入し、最初の頃はショートメッセージを使っていました。しかし、親とは違う携帯電話会社と契約していたので、定額制の料金プランができるまではメールやＳＭＳを使った連絡はあまり使いませんでした。Ｅメールが一般的になってくると、メールで連絡する機会が増えました。聞こえる、聞こえないに関わらず、たくさんの人が携帯電話を持つようになっていたので、コミュニケーションの幅が広がったと実感しました。ちょうど社会人になって親元を離れたタイミングでした。固定電話回線は引かなかったので、ファックスはありませんでした。両親との連絡手段は携帯電話のメール機能だけになりました。小さい画面とテンキーによる文字変換で、情報伝達に難儀することもありましたが、今のメッセンジャー機能につながる生活の変化だと思います。

パソコン

インターネットが普及する前から、家にはパソコンがありました。その頃はワープロソフトで文章を作成したり、写真や画像を加工して年賀状を作ったり、ゲームをすることがパソコンの使用目的でした。その後、常時インターネット接続が一般的になり、実家にもインターネット環境が導入されました。自宅と実家で両方ブロードバンド環境が揃ってから、パソコンが情報通信機器の座に躍り出ました。

あるとき、ＷＥＢカメラとパソコンを使ってパソコンでテレビ電話を再現できることを見つけました。これだと思いました。すぐに必要な機材やソフトを導入して、テスト環境で操作方法を確認して、使えそうなことがわかりました。問題は、どうやって実家の両親と繋がるようにできるかです。実家に帰るときにパソコン環境一式を持ち帰り、父親のパソコンにSkypeの環境を作り、簡単なマニュアルを作り、操作方法を説明しました。そうして初めて遠隔地で直接手話でのコミュニケーションが取れるようになりました。テレビ電話自体は科学館などで体験したことがありましたが、それが自宅でできるようになるとは夢にも思っていませんでした。それまでのファックスやメールでの連絡では、両親とのコミュニケーションが、お互い第二言語の書記日本語同士になってしまうため、日本語に変換しづらい微妙なニュアンスを伝えることが困難でした。しかし、Skypeなどのビデオチャットを使うと、お互い手話で会話ができるので、細かなニュアンスを伝えることも容易にできました。それまでの携帯電話のメール機能を使った文字ベースの連絡と比較して、圧倒的に情報伝達が容易になりました。通信速度も遅く、ときどき画面が一時停止することもありましたが、やっぱり手話が一番だなと改めて思いました。

しかし、時々パソコンが不調になることがありました。聞こえる親だったら、電話をしながらトラブル対応のサポートができると思うのですが、電話ができないことがすごく困りました。どうしようもないときは、パソコン一式を宅急便で送ってもらって、修理してから送り返すこともありました。何度かそういうことが続くと、対応も大変でしたので、なんとかできる方法がないのか調べて、リモートデスクトップ機能を活用して、遠隔でパソコンを操作できる環境を作りました。最初は、リモートで操作される両親の側も、一定の操作が必要で、その操作を説明するのも、実行してもらうのも大変で、二〜三クリックの操作で完了する作業に、一時間以上かかったこともありました。その後、両親側の操作なしに、リモート操作ができるアプリケーションを組み合わせることで、ほぼ遠隔でトラブル対応ができるような環境を作ることができました。それでも、ときどき実家に帰ったときは、できるだけ不具合が起こらないように先回りして、パソコンのメンテナンスをすることに多くの時間を費やしていました。

現在では、Zoomなど多人数でビデオチャットができるようになりましたが、パソコンを使う機会が次第に減ってきていて、スマートフォンやタブレット端末に移行しています。

携帯情報端末（スマートフォン黎明期）

現在のAndroidやiPhoneが出現する以前、二〇〇六年頃には、ClieやWindows MobileといったＰＤＡ（携帯情報端末）やスマートフォンを使っていました。文字電話からの流れで、携帯端末を使うことが大好きでした。初期の情報通信端末は、やりたいことと、できることのギャップが大きく、一般にはまだまだ普及していませんでした。そのため、両親や友人との連絡手段として単体で使うことはありませんでした。iPhoneが出現する数年前、携帯電話の通信速度が大幅に向上してから、流れが変わりました。ノートパソコンと接続することで、外出先でもSkypeなどのビデオチャットを実用的に使用することができるようになりました。ようやく、実家の両親とのビデオ通話が、固定電話対固定電話から、固定電話対携帯電話になりました。離れた家族や親族と、どこからでもビデオ通話ができるのは本当に画期的で、家族向けに配信などもやっていました。ただし、パソコンを起動して、端末とパソコンを接続して、と使い始めるまでの準備に時間がかかることと、バッテリーがあまり持たないのが玉に瑕でした。

スマートフォン（現在）

二〇一〇年頃からAndroidやiPhoneが広く使われるようになりました。スマートフォンは、電話やビデオチャットといったコミュニケーションツールとしての機能だけでなく、インターネットに常時繋がっているので、分からないことをその場で検索したり、動画や写真として記録したりすることができます。これまでの、特に聴覚障害者向けの情報通信端末やコミュニケーションツールは、聞こえる人と聞こえない人で使い方が異なっていて、聞こえない人は専用の端末やソフトを使用していましたが、スマートフォンは、聞こえる、聞こえないに関係なく、同じものを持ち、同じツールを使用するということが、これまでにない最大の変化だと思います。そのため、双方をつなぐための垣根がものすごく低くなったと実感します。聞こえない人同士の交流も増え、ＳＮＳを通じていろいろな地域、世代の人と繋がることができるようになりました。文字だけのコミュニケーションであれば、聞こえる、聞こえないは関係なく、逆にコーダの私の方が聞こえない側なのではと錯覚することもあります。

聞こえない人たちにとっても、コーダにとっても、ファックスが登場したとき以上に、生活に変化をもたらしていると感じます。子どもの頃は、どこに行くにも家族はひとかたまりで行動していました。万が一、迷子になってしまっても、放送などで呼び出してもらうことは期待できなかったので、迷子にならないように、常に親とはぐれないように意識をしていました。また、外出して急に予定が変わり、帰りが遅くなるときも、当時は連絡手段がなかったので諦めざるを得ませんでしたが、現在はすぐに連絡をとることができ、不要な心配をかけることもなくなりました。家族全員がスマートフォンを持ち、いつでも繋がっています。どこに行くにも、事前に下調べをして、計画通りに行動していたのですが、単独行動して家族とはぐれても、行き当たりばったりの行動をしても、スマートフォンさえあればすぐに合流することができます。コミュニケーションの幅が広がったことよりも、このようなちょっとしたことができるようになったのが最大の進歩だと思います。

電話だったら「オレオレ詐欺」に引っかからなくて安心だと思っていたのですが、スマートフォンが普及してからは、詐欺メールや悪質なサイトへの誘導が増えているので、両親が引っかからないか？　と心配事も増えています。

コーダだから身につけたもの

幼少期からいろいろなコミュケーションツールに触れて育ったことは、その後の成長や行動にも大きく影響しました。情報ツールに限らず、新しく出てきたものは、とりあえず触ってみて、機能を試してみる習慣がつきました。身の回りに他に詳しい人もおらず、誰かに聞いたら教えてもらえるという環境でもなかったので、何でも自分で調べて解決するようになっていました。また、頼まれてもいないのに、その情報を周囲の人に伝えるという行動を無意識にしていました。就職してからも、パソコンの操作や設定などのサポートをする場面が多くありました。もちろん手話も日常の会話に困らない程度には身につけることができましたが、コーダだからこそ身につけたものは何だろうと改めて振りかえると、このような行動なのかなと思っています。

これからのコミュニケーションツールに期待すること

コミュニケーションツールは、それぞれの時代のテクノロジーを取り入れて、着実に進歩してきました。通信環境が進歩し、カメラや画像処理技術が進歩することで、初めは音声だけだったものが、文字、画像、動画へと変わってきました。電話しかなかった頃は、コーダは通訳する他ありませんでした。その後、ファックスを始めいろいろな情報通信端末ができてきましたが、聞こえない人の側だけが使っていたものが多かったです。そのため、広く普及せず、また、聞こえる人とコミュニケーションを取ろうと思っても、聞こえる側の人が、使い方を知らなかったり、慣れていなかったりして、有効に活用できないこともありました。その場面に直面したコーダは、この状況を打開しようと通訳をしていました。通訳をすることでお互いのニーズを知ることができたと思います。しかし、近年は聞こえる側の人たち向けにデザインされた情報通信端末やサービスを使って、直接コミュニケーションをとることができるようになっています。

日本語を話さない海外のかたと話したり、海外旅行に行ったりしたときに、スマートフォンの翻訳アプリを使ってコミュニケーションする人も増えてきました。さらに進んで、そのようなアプリで、英語や他の音声外国語と同じフォーマット上に、他の言語を選択するのと同じように日本語（文字）や手話が選択できるようになるのは、近年のＡＩの技術の進歩を鑑みると、そんなに遠くない未来なのかなと思います。単に言語の変換をするだけではなく、文化の違いを踏まえた翻訳、さらに、動画解析によって音声だけではなく手話でも入力できるようになるのではと思います。

しかし、技術がいくら進歩しても、最後の一歩、人と人が直接コミュニケーションをとる部分のハードルが残ってしまっています。このハードルを飛び越えていられないと意味がありません。例えば、聞こえない人が音声認識アプリを使って話そうとしても、使い方が難しかったり、対応してもらえなかったりという状況が見られます。聞こえる人と聞こえない人のコミュニケーションには非対称性が残ってしまいます。その相互理解が進まないと、コミュニケーションを取りたい人同士が、直接コミュニケーションを取れるようになるのは難しいかもしれません。でも、未来は少しずつ明るくなっていると感じます。手話を扱ったテレビドラマや映画の影響で手話の普及が進み、聞こえない人と直接手話でコミュニケーションができる聞こえる人が増えてきているのを実感します。手話通訳者よりも対等な立場で聞こえない人とコミュニケーションをとっていると感じます。このような人が一人でも増えて欲しいと思います。

コーダと通訳とコミュニケーションツール

コミュニケーションツールが進化することで、コーダが担ってきた通訳、特に手話通訳に依頼しづらい生活に直結した通訳の負担は、少しずつ減ってきていると感じています。また、社会にも「コーダ」という言葉が広がり、コーダという存在の認知も進んでいます。私も聞こえない人のコミュニティや、手話関係のコミュニティに参加するときには、自己紹介で「私はコーダです」と言う機会が増えました。またいろいろな場面で手話だけでなく、いろいろな新しく登場したツールも活用して、聞こえない人とコミュニケーションをとる機会も増えています。しかし、近年に開発された聞こえない人向けのツールは、障害のある当事者だけにしか使えないもの、コーダにとっては使いにくいようにデザインされているものもあります。これまで、聞こえない親と同じツールを試行錯誤しながら使ってきていたのに、このような場面に直面すると、やはりコーダは置いてけぼりになっていると感じてしまいます。今はまだ聞こえない人向けに設計されているツールや仕組みも、聞こえない人だけが使うのではなく、コーダもそれらの情報通信端末、コミュニケーションツールを気兼ねなく平等に使えるような環境になれば、さらに使いやすいものができるのではと思います。

一方、コーダを育てる親の中には、コーダには通訳をさせないという声も聞かれます。しかし、コーダが一切通訳をしないということは難しいです。身の回りの音の情報を伝えて共有したいからです。また、周囲の人がコーダを通訳にしてしまうこともあります。コーダが通訳をなるべくしなくて済むような社会になって欲しいと思いますが、コーダの成長過程や会話のレベルに合わせて、負担にならない範囲で通訳をする機会や時間も大切にして欲しいと思います。そのことで、親とコミュニケーションする力を身につけることができ、親が聞こえないことを理解できると思うからです。聞こえない人がおかれている環境は多様化しています。直面している困難や、コミュニケーションの形も日々変化しています。コーダが直面する困難は、聞こえない人が直面する困難のちょっと外側で、聞こえない世界と聞こえる世界の間で、さらに多様化していくと思います。そのような環境のなかでも、これからも、コミュニケーションツールの進化を楽しみながら、聞こえる世界と聞こえない世界がもっと繋がれるように、コーダがもっと楽しくいられるような環境作りができたらと思います。

第5章

コーダの言語獲得と仲間との出会い

遠藤しおみ

はじめに

私の両親は耳が聞こえないろう者です。父も母もまったく耳が聞こえません。それは、私にとって当たり前で普通のこと。手話を使って話すのもいつものことです。両親の友人もみんなろう者ですので、手話を使って話します。聞こえる人たちと話す機会がない子ども時代を過ごしてきた私は、聞こえる人たちのことがよく分かりませんでした。なんでそんなに音声でいっぱい喋るんだろうと不思議に思っていたほどです。

学校では、ほかの聞こえる子どもたちの中に混じってしまえば、おそらく私は他の子となんら変わらない普通の子どもに見えていたでしょう。ですが、家に帰ると、父と母のいる空間には聞こえない世界が存在し、手話・口話（こうわ）・空書・身振りなどを使って両親と日々を過ごします。私は手話が苦手だったので、聞こえない親との会話がうまく通じませんでした。私が音声で話すことは聞こえない両親には理解のしようがなく、それどころか私の声すらまったく聞こえないということは、どんなに考えても変わりようのない現実でした。

子どものときから、「私はろう者にもなれないし、聴者にもなれない」とずっと考えて生きてきました。「私はいったい何者なのだろう」という想いが心の中でずっと渦巻いていたのです。「コーダ」ということばに出会うまでは。

二種類の人間

私は常日頃、世の中には二種類の人間がいると思って生きています。「聞こえない人」と「聞こえる人」。私自身は聞こえる身体でありながら、その狭間でどちらにもなることができないと感じています。

私は幼い頃から、両親に連れられて障害を持つ人が集うイベントへよく出かけました。車椅子の人、片腕のない人、盲導犬を連れた目の見えない人……。どのような障害を持とうとも、その人たちは耳が聞こえて音声で話せるならば、私にとっては「聞こえる人」です。耳が聞こえるか・聞こえないか、私にとってはそこが最重要ポイントなのです。

耳が聞こえないということは、外見からは分かりません。また、聞こえないということがどういうことなのか、聞こえる人には想像しにくいことのようです。耳をふさいでも、音はかすかに聞こえますし、自分の声やごくりと飲み込む喉の音、自分のお腹がぐぅ～と鳴る音なども聞こえるのが聴者です。一方で、聞こえない人は、聞こえる世界を経験することができません。聞こえない人には聞こえないことが「普通」ですし、聞こえる人には聞こえることが「普通」です。「普通」とは一体なんなのでしょうか。「普通」の定義がそもそも違っている両者を、私はいつも狭間から見ている感覚があります。そして、聴者もろう者も「ひとつの世界」で生きているように私からは見えます。聞こえるとか聞こえないとかを考えなくていい世界。私はいつでも「聞こえる世界」と「聞こえない世界」の「ふたつの世界」を意識して日々暮らしています。

私自身は聞こえていますが、ろう者である両親と生活を共にしてきた中で、ろう者的な見方や感覚、思考を自然と身につけてきたように思います。そして、自分の聞こえる身体で聴者の感覚や思考も知ってきました。何もしなくても、音は耳から入ってきます。家の中にただいるだけでも様々な音がします。外からの音だって聞こえます。聞こえない人にはそれが聞こえませんし、聞こえないので音に気がつきようがありません。どんな音がしようとも反応しない親を見て育った、コーダにしか分からない感覚や感情があると思っています。

ショッピングセンターなどに行くと迷子の放送が聞こえてくることがありますが、「どうして迷子になっちゃったのかなぁ」と不思議に思います。私の場合、私が迷子になるということは、聞こえない親の視界から外れるということです。幼かった私にとっては生きるか死ぬかのことでしたので、常に気をつけてきました。聞こえない親は迷子の放送の存在を知りません。放送で呼び出すという概念自体がないのです。そして、私が親を放送で呼び出すのは不可能です。私がどんなに泣こうが叫ぼうが、聞こえない親は気がつくことができません。なので、私は、親との外出時にはいつでも親の視界に入っていることにしていました。これは、無意識のうちに身についた所作です。聞こえない親の方も、我が子が迷子にならないようにと、子どもを自分の視界に入れて行動することを自然にしていたのだと思います。

それでも、コーダである私が親に合わせることの方が多かったです。私は、親の声を聞いて反応することができます。親の方も、我が子は聞こえているんだから気がつくだろうと声で呼んでくることがあります。私がいくら大声で呼んでも反応などしてくれないのに。非対称（聞こえる・聞こえない）な親子関係ですので、なんだか理不尽だと感じながらも、そんな現実をいつも受け止め、私は大人になってきました。

我が家は二階建てですが、母は毎日階段下から私を大声で呼びました。母が亡くなってから三〇年以上経ちますが、母が私を呼ぶその声は、私の記憶の中で今でも鮮明に聞こえます。

ホームとアウェイ

私は人と接するとき、「この人は『聞こえる人』か『聞こえない人』か」とまず考えます。聞こえる人と聞こえない人とでは、対応方法を変える必要があるからです。相手がろう者であれば、相手と必ず目を合わせ、手話で話すモードに自分を切り替えます。そのときには単に使用言語を切り替えるだけではなく、ろう者の文化や思考など、ろうモードになる……といった感じです。

私の人生において、聞こえない人の存在がかなりのウエイトを占めています。私にとって、手話で話すろう者たちのいる場所がホームの感覚です。聴者ばかりの音声日本語で話す場所は、私にとってはアウェイです。幼い頃はその感覚がとにかく強く、聴者ばかりの場所はとても居心地が悪かったのを覚えています。私にとっては、〝ろう者は身近な存在で分かり合える人たち〟、〝聴者はよく分からない遠い存在の人たちで、私には縁のない人たち〟、という感覚でした。両親と同じようにろう者として生きたいと願っても、私は聞こえているので聴者として生きなければなりません。ろう学校に行きたいと思っても叶うわけもありませんでした。どうやって聴者ばかりの世界で生きていけばいいんだろうと悩み苦しんだ感覚は、大人になった今でも忘れることはできません。

その後、聞こえる人ばかりの学校や社会の中で音声日本語で話す経験を積み、聞こえる人とのコミュニケーションの取り方もそれなりにできるようになったと思ってはいるのですが、それでも、ときどきふと、「自分はなんだか聴者に〝擬態〟しているみたい」と感じることがあります。

手話の広まり

近年、手話言語条例が制定されたり、「手話言語の国際デー（毎年九月二三日）」までできて、ろう者たちを偏見の眼差しで見てくる人はずいぶん減ったと感じます。それどころか、ドラマや映画で手話が注目され、手話を学びたいという人が増えています。聞こえる人も聞こえない人もＳＮＳで手話動画を発信できるようになりました。昔だったらとても考えられないことです。手話の認知度はずいぶん上がりましたし、否定的な人が見当たらなくなったと感じています。しかし、実際のろう者の生活がどうなのかまでは、聞こえる人たちには分からないのではないかと思っています。

手話サークルは各地に存在します。市町村の必須事業である「手話奉仕員養成講座」や、手話通訳者をめざす人たちの「手話通訳者養成講習会」も各地で行われています。それは、とても素晴らしいことですし、続いていってほしいことです。それでも私は、ろう者が手話でコミュニケーションを取りたいと思ったときに、手話のできる他人がはたして身近にいるのだろうかと思ってしまいます。

うちの近所に手話のできる人はいません。病院を受診する際に、父は手話通訳者を依頼しますが（私が同行する際でも依頼します）、そのときに、父は手話での会話を手話通訳者とします。まともに手話でコミュニケーションできるのは、そのときくらいだと思います。

聞こえない親と一緒に生きてきた私は、手話で話しただけで指をさされたり笑われたりする経験を実際にしてきています。時代が変わり、社会が変化し、聞こえない人のことも手話のことも、世の中が受け入れてくれるようになってきていることは頭では分かっているのですが、どこかでまだ「指をさされるのではないか」、「障害者だからと差別されるのではないだろうか」……、そんなことを考えてしまいます。

令和になった今でも、「聞こえない人が車の運転ができるなんて知らなかった」という声を聞くことがあります。私の両親はろう者で、その友人たちもみんなろう者という環境が私にとってはごく普通のことですが、世の中ではレアケースで、ろう者のことはろう者やコーダが思っているよりもはるかに聴者には知られていないのだと、私はいつも痛感しています。

聞こえない父は、ときどきいろんな話をしてくれます。聴者に筆談をお願いしても、無視されたり、「書くのが面倒だから」「字が下手だから」と書いてもらえないという話がありました。特に、筆談をお願いしたのに無視されたときの様子を表す父の手話と顔が、こんな文字では伝わらないほどの悲しさとつらさを表現しているのです。私はそれを見るたびに悔しくて仕方がありません。

あるとき、父が必ず胸ポケットのあるシャツばかりを選んで買っていることに気がつきました。不思議そうな顔をしている私を見て父は、「紙とペンを入れる」と手話で言いました。私はハッとしたのです。父はひとりで行動しているときには筆談で聴者とコミュニケーションを取るしかないことに。

手話は以前と比べたら認知度は上がりました。手話をしても偏見の目で見られることはほぼなくなりました。ですが、私たち家族が暮らす日々の生活の中に、手話で日常会話ができる聴者は誰もいません。たとえあいさつはできても、その先の会話を手話ですることはとても難しいことなのだと思い知らされます。人と話すときに筆談をするしかない父が、「また面倒くさそうな顔をされるかも」「また断られるかも」と思いつつ、たとえ断られたとしてもめげずに笑顔で筆談でのやりとりをして何十年も生き抜いてきたことを考えると、私は胸が締め付けられるのです。

世の中はデジタル化が進み、スマートフォンを見せ合うという形での筆談を見かけるようになりました。大学生のろう者が聴者とコミュニケーションを取るために、「果たして対応してくれるだろうか」という覚悟の表情で、スマートフォンに入力した画面を聴者の目の前に差し出す姿を見て、デジタル機器は確かに進化しているなと思う一方で、人の心のバリアへの恐怖心は今も昔も変わらないのではと感じることがあります。

コーダが親のことを「守ってあげなきゃ」と思うのは、社会の理不尽さを実際に見て、経験してきているからではないでしょうか。

「テレビがあるから大丈夫でしょ」

私は「音声を聞いて話を理解することが苦手」でした。正確に言うと苦手なのではなく、生身の人間の音声で話を聞いたり会話したりするということを家庭で経験してきていないので、単純に経験の少なさの問題だったのだと、大人になってろう者やコーダのことを知り、分かりました。

私が小さい頃、我が家はアパート暮らしでした。耳の聞こえない父と母。そして聞こえる私と弟。祖母(父の母)も一緒に暮らしていたのですが、その祖母は明治生まれの人で、私が生まれた時にすでに七〇歳でした。その祖母は人と交流することをせず、読み書きがほぼできず、ほとんど喋らない人でした。聞こえない父が一家五人を支える生活でした。

そんな家庭環境の私は、テレビを見て音声を聞いたり学校の先生が授業で話す内容を聞いたりすることは日常でやってはいましたが、保育園や学校から帰ってきた私に音声で話しかけ、音声で会話をしてくれる大人はいなかったので、「音声で会話するというスキル」を家庭で身につけることができませんでした。聞こえているのにです。学校では、聞こえる親を持つ聞こえる友人たちが音声で楽しそうに次々と会話する様子を見ては、いつもうらやましいと思い、どうしてそんな風にみんな喋れるのかといつも不思議に思っていました。私だけ、いつもみんなと違う空間にいるような感覚でした。

私の小学校時代の通知表には、毎回「おとなしい」と書かれました。担任の先生の目には、音声で話すことをしない私はおとなしそうに見えたのでしょう。しかし、実はおとなしかったのではなくて、言葉が分からず、聞こえる人とどう交流したらいいか分からなくて困っている子だったのです。学校では音声で話す、家では子どもの自分がわかる範囲の手話と口話で話す。それは、私にとって当たり前の環境でしたが、今改めて思い返してみると、社会一般では当たり前ではないのです。音声での会話は、友達がやっているのを見よう見まねでなんとかやっていたのだと思いますが、子どもの頃のことばの記憶は私にはほぼありません。

聞こえない母が子どもを産み育てることになったときに、「子どものことばはどうするのか」と親戚の中で話すことがあったと聞いています。「テレビがあるから大丈夫でしょ」となり、そのことは幼い私も聞かされました。確かにテレビからは人の話し声は聞こえるので、それを聞いてことばを覚えることはできます。ですが、当たり前のことなのですけれど、テレビとはコミュニケーションが取れません。テレビは私に話しかけてくれませんし、私もテレビに話しかけたりはしません。私は人と音声で会話する術がまるで分かりませんでした。

「テレビがあるから大丈夫でしょ」は、私の人生の中で呪いのことばのように胸に刻まれています。親戚たちも悪気があって言ったわけではないのはもちろん分かっています。ですが、人は人と関わり交わる中で成長したり喜びを分かち合ったり幸せを見出せるということに私が気がつけたのは、だいぶ大人になってからです。つらいことや悔しいことがあっても、話すこと、聞いてもらうことで心が落ち着くということも、大人になってから知りました。「テレビがあるから大丈夫でしょ」と言った叔母たちは、姉妹で仲良く楽しそうに話をしていたし、離れて暮らしていても、お互いに電話しあってたくさんの話をしていたことを私は知っています。聞こえない母はそこに交わることはできませんでしたし、なんとなく寂しそうにしていた母の姿を私は見てきています。

私は誰のことも恨んだりはしていません。ただ、聞こえないことが原因で人と人との心の距離が引き離され、その影響はコーダへも及ぶことがあると感じています。

親子の会話は思うように通じ合わない日々でしたが、小学生の頃、母と仲良くしてくれる聴者がいて、その人にも私と年の近い子どもがいました。その子と一緒に英語教室に通ったことをときどき思い出します。その聴者が仲介してくれたのだと思うのですが、聞こえない母がどこまで理解をしていて、なぜ私を英語教室に通わせようと思ったのかは分かりません。毎週土曜日に、小学校が半日で終わり、午後一時に英語教室の先生が家まで車で迎えに来てくれました。ファンキーで明るい女性の先生で、教室は先生の自宅だったので、ご主人やお子さんも一緒に学ぶこともありました。書くことよりも発音がメインだったと記憶しています。学んだ内容はすっかり忘れてしまいましたが、とても楽しかったのは確かです。

今考えると、その当時に英語教室は先進的だったと思う半面、私はいつも思うのです。「お母さん……。英語より先ず、コーダの私に必要なのは手話だったよ」と。

私は大人になってから貪るように手話を学びました。しかしそれは決して苦しいことではなく、これ以上楽しいことはないと思えるほどの学びでした。もちろん難しいと感じることは何度もありましたし、新しいことを覚えるには繰り返し練習することも必要だったので、多くの時間を要しました。でもそこには、自分の中の不足していた部分を必死に取り戻し、補強していくような感覚がありました。自分のことを自分らしく表現できる言語は手話なのだと確信することもできましたし、全身全霊をかけて手話を学ぶことは私の喜びでもありました。学ぶことが楽しいと思わせてくれたのも手話でした。

手話を学ぶ中で、手話が家庭の中にあることが当たり前のことすぎて、「手話を大切にしよう」とか「手話は言語なんだ」とか、そういった考え方に気がつかない生活をしてきたことに気がつきました。手話がろう者にとってかけがえのないことばなのだと理解できたとき、ずっとろう者と一緒に暮らしてきたのに、いったい私は今まで何を見て生きてきたのだろうと自分を恥じました。そして、コーダの私にとっても手話は重要だと分かったのです。

私のようなろう親を持つコーダが、どうやって言語を獲得するのか。それは、地域性や家庭環境、ろう親自身が手話をどう思っているかで異なってくると思います。コーダ一人ひとり違う部分なのではないかと思います。

私が聴者からよく聞かれるのは「どうやってことば（音声言語）を覚えたの？」です。私の場合は音声言語も手話も必死に学んで覚えました。どちらも自分には身についていないという自覚が成人してもあったのです。聞こえる社会で生きるための音声言語と、ろう親と話すための手話。私が私らしく生きていくには、その両方がどうしても必要でした。どちらが欠けてもダメなのです。

子どもの頃は、「なぜうちの親は耳が聞こえないのか」と運命を何度も恨みました。ですが、今では手話と日本語が複雑に交わる家庭環境は、とてもユニークでクールな環境なのではという考えに変化しました。そう考えられるようになれたのも、「コーダ」ということばに出会い、素敵で頼もしいコーダたちに出会うことができたからです。

絆

父は私が生まれた年に手話サークルを立ち上げたのだそうです。父が毎週手話サークルに行くことは我が家では当たり前のことで、手話サークルに行った父は満面の笑みで帰宅していました。手話で思う存分話し、楽しい時間を過ごし、娘の私にはっきり分かるほど、父は手話サークルでエネルギーチャージしてきていました。

しかし、当時は大勢いたろう者も、引っ越したり亡くなってしまったりと、ずいぶん少なくなってしまいました。父も高齢となり、新型コロナウイルスの影響で人々が集うことができなくなり、ここ最近は手話サークルへ行くことも難しくなりました。歳をとったことで気持ちも衰えてきたのか、積極的に人と会いたいと思うことがあまりなくなってきているように見えます。しかし、聴覚障害者協会主催の「耳の日フェスティバルに参加したいから連れて行ってくれ」と言ってきたりするので、やはり仲間に会いたいという気持ちはあるようです。

父の仲間というのはろう者のことです。父と同じようにろう学校に通い、同じ寄宿舎で生活し、卒業後も長い間ろう運動を共にしてきた仲間たち。そのろう者たちも地域の手話サークルに足しげく通い、聴覚障害者協会のイベントの運営に積極的にかかわってきました。父の本棚には、かつての聴覚障害者大会などのパンフレットなどがたくさん並んでいます。

父はゲートボールが好きで、聴覚障害者協会高齢部でチームを作り、全国大会やブロック大会など、日本全国あちこちに行っています。私よりもアクティブかもしれません。各地でいろんなろう者と出会い、交流を楽しんできたのだと思います。

七〇年以上行動を共にし、手話で語り合い、笑い合い、いろいろあっても離れて暮らしていても、なんだかんだで仲良くしつつ、一緒に歳を取ってきたろう者たち。手話で話すろう者たちの空間は、私にとっても居心地の良い空間です。幼い頃から私の身の回りにあった当たり前の空間なのです。寂しい話ですが、亡くなってしまったろう者たちもいます。しかし、彼らが手話で生き生きと話し、たくましく生きてきた姿を私は忘れることはありません。

私はそんなろう者たちがうらやましくて仕方がありませんでした。同じ境遇の仲間がいること、共通言語である手話で語り合える仲間がいること。大変だ忙しいんだと言いつつも、楽しそうにサークルに通い、ろう運動に参加し、仲間と手話で話し、嬉しそうに過ごしてきたこと。何十年も共に活動できる仲間がいることは、ずっと孤独を感じて生きてきた私からしたら、本当にうらやましいことでした。

私は自分のような境遇で、自分と同じような想いを持って生きているコーダと知り合うようになってから、ようやく一〇年が過ぎます。いろんなコーダと出会い、想いを共有し、「耳の聞こえない親の聞こえる子ども」という同じ世界線に生きる仲間が愛しくて仕方ありません。自分の両親が自分と同じろう者たちと集う気持ちは、こんな気持ちだったのだろうか、はたまた違うものだろうか、そんなことを考えます。コーダにもいろんなコーダがいて、「コーダだから同じ」とは簡単に言いきれないということもだんだんと分かってきました。耳の聞こえない人に様々な人がいるように、コーダも多様です。考え方も多様です。

けれど、「私の経験を話しているみたい……」と錯覚するくらいに自分と同じような経験を語り、私と同じ感じ方をしていることを語るコーダに出会うたびに、とても他人とは思えません。今では、実のきょうだいよりもきょうだいのような、親戚よりも親戚のようなコーダの友人が何人もいます。私はそのコーダたちとの関係を今後もずっと継続していきたいし、大切にしていきたいです。これは、私の生きがいのひとつです。

自分はずっと孤独だと思い込んでいたのに、「コーダ」ということばのおかげで繋がれる仲間ができました。ろう者にも聴者にもなれないけれど、「私はコーダです」と今ははっきりと言うことができます。ろう者である父と母がろう者たちの集う場へ出かけて行ったように、今では私がコーダたちに会いに出かけるようになっています。オンラインで語り合うこともあります。

「聞こえない父と母がうらやましい、私も同じ仲間が欲しい」と心の奥でずっと願っていたことが叶ってしまったのです。まさか自分に仲間ができるなんて思ってもいませんでした。

初めて知り合ったコーダの親と、自分の親あるいは良く知るろう者とが知り合いだと分かることがしばしばあります。コーダが知らなかっただけで、親同士はとっくに知り合いだったなんてこともあります。父が全国のろうの仲間に出会っていたときのご縁もあります。もし聞こえる親だったら出会うことのなかったコーダたち。かけがえのないコーダの友人たちは日本各地にいて、今ではなんでも相談できる大切な存在になっています。

とあるコーダが、あるときこう言いました。「この歳になって友達ができるなんて思ってもみなかったよ」と。コーダであることがご縁となり知り合えた仲間たち。子どもの頃の私には想像もつかなかった嬉しいことです。もしもタイムマシンで過去に戻れるのならば、過去の自分に教えてあげたいくらいの嬉しさです。

「親の耳が聞こえない」という境遇で生きること。これは、当事者でなければ分からない感覚があります。ろう者にも聴者にも分からない感覚。自分自身が聞こえないのではなく、自分の親の耳が聞こえないという境遇。「障害受容」ということばがありますが、受容などと言っていられません。現実しかないのです。コーダが生まれる前から、親は聞こえないのですから。そしてその親は歳を取り、確実に老いていきます。介護に直面しているコーダはどのように暮らしているのか、私が気になることのひとつです。

手話を捨てるという選択

妻を亡くした父が手話で話す相手は、現在の生活では娘の私だけです。私には弟がいますが、弟は手話ができません。コーダでも手話ができないのです。父と弟がふたりで話す様子を見てみると、通じなくて、ふたりとも怒ったように言い合っています。会話になっていません。なんとなく通じたんだか通じなかったんだか分からないままに、時間だけが過ぎます。これが現実です。家庭の中でことばが通じないのです。親子だから、家族なんだから通じるだろうなんていうのは幻想です。「親子で使用言語が違うこと」と「聞こえないこと」が絡まり合って、通じないということが家庭内でいつでも起こります。私は大人になってから手話を習得することができたので今は父と話すことができますが、もしも手話を学ぶ選択をしていなかったら……。

しかし、手話がなくても、聞こえる私には音声があります。コーダの私はいつでも「手話を捨てる」という決断ができます。聞こえる私は手話を使わなくても生きることができてしまうのです。ですが、聞こえない父はそういうわけにはいきません。聴者が音声を捨てるようなものです。

父は、日常生活では、娘以外の手話での話し相手がいない生活を送っています。ろう者の友人たちには時々しか会えません。近所にろう者は住んでいないため、ろう者に会うにはイベントに参加しなければなりません。同じ言語で話す相手がいない日常、そして聞こえない世界。もしも聴者が音声日本語で話せる相手が誰もいない日々を過ごしたら一体どうなってしまうでしょうか。「父の生きている世界線はどんななのだろう」と私は時々想いを馳せてみますが、聞こえる私にははかり知れません。

私は手話を使わなくても生きることはできますが、私が私らしく生きるには手話が必要だと思っています。私がもし手話を捨て、音声だけで生きるのだとすれば、それはやはり聴者に〝擬態〟し、生きづらさを心に抱えながら生きる人生になるのではと想像できます。

以前どこかで、「ことばはふるさと」というフレーズを見かけました。日本語を話す私たちは日本を母国だと感じるように、手話で話す私は、国という形こそありませんが、ろう者たちがいる場所が私のふるさとだと思っています。今では私も聞こえない両親と同じように、手話をすることでエネルギーチャージしています。手話で話す感覚と音声日本語で話す感覚は私の中で確実に違います。手話で話すことは私の精神安定剤なのです。

無意識の呪縛

自分のことばで人と会話する。聞こえる私たちが普段何の気なしにしていることです。コーダである私は、音声で会話ができてしまいます。これは、聞こえない親を置いてけぼりにしているようで、なんとも居心地の悪さを感じてしまうときがあります。だから、私は親に通訳をして伝えます。「今、こういう話をしているよ」と。私が親に頼まれてもいないのに通訳をするのは、こんな気持ちを常に抱えているからです。たとえ、親がその話題に興味を示さなくても、同じ話題のステージに一緒にいて欲しいと思ってしまうのは、コーダとしての私のエゴでしょうか。一緒にいるのに、一緒に話しているのに、聞こえないが故に話題を共有できないのは、私が嫌なのです。

聞こえることが申し訳ないと感じ、ならば聞こえる私が通訳をしようと、幼かった私なりに何度も何度も親に通訳をしてきました。家の中に居ても、「風が強く吹いているよ」「雨が降ってきたよ」「サイレンが鳴っているよ」と音情報を伝えます。

ろうの友人と出かけたある時、音情報まで伝えていた私はこう言われました。「通訳したがるよね」と。さらに、聞こえる人との間で通訳をしたときには、「ろう者のコミュニケーションの機会を奪わないで」ともはっきり言われました。

私は天地がひっくり返るような感覚を覚えました。ショックも大きかったのですが、それまで聞こえない人と一緒にいるときに通訳をしないという選択肢がなかった私にとって、「通訳しなくていいの!?」と、まるで肩の荷を下ろすような気づきであったのも事実です。

それをきっかけに、私はむやみやたらに通訳をしなくなりました。親と一緒にいるときは「私が伝えなければ」と思い込んでいた私ですが、私は自分で自分を苦しめていたのです。親も親で「娘がいつも通訳してくれる」と思っていたでしょうし、当たり前になっていました。よく考えれば、聞こえなくても親なのだし、私よりも長く生きているのだから、自分のことは自分ででできるはずです。たとえできなくても、娘の私が代わりにやってあげることではないのです。私は

「聞こえないからできない。私が代わりにやってあげなければ」という勝手な決めつけをし、自らを呪縛していたのです。

私は自分と一緒にいるときの父しか見ていませんが、その父がひとりで行動しているときは、自分でそれなりになんとかやっているはずです。私と一緒にいるとき、父は筆談などしません。なぜなら私がなんでも通訳してしまうからです。聞こえる娘と行動するときに、父も父なりに私に合わせて行動していたのだと分かったときは、頼りにしてくれているのは嬉しい反面、自分ばかり大変だと思い込んでいたことに気がつき、なんだか目から鱗が落ちたような気持ちになりました。

コーダたちへ

コーダがコーダのことを語り始めたのはいつ頃からでしょうか。一九九四年に「コーダ」ということばがアメリカから日本に入って来ましたが、それ以前にも耳の聞こえない親を持つ聞こえる人たちはいました。しかし、その人たちは自分たちの経験や想いを書き記していないと思います。文章で残しておくことでもないし、もしかしたら自分の家族のことをわざわざ人に話すことでもないと思っていたのかもしれません。でも、私は知りたかったです。昭和の時代を生きたコーダたちの経験や想いを。

近年、映画やドラマ、そして書籍でも「コーダ」が取り上げられています。新聞やネットニュースで取り上げられることもあります。コーダはヤングケアラーとしての側面もあるとは思いますが、決してそれだけではありません。案外楽しく暮らしているし、「耳が聞こえないこと」や「耳の聞こえない家族がいること」は決してかわいそうなことではありません。聴者からしたら、ただの強がりを言っているようにしか見えないかもしれませんが、当事者たちはその世界線の中でそれなりに日々を過ごしています。少なくとも今の私は、コーダとして豊かな人生を送ることができていると思っています。

「コーダ」ということば、「コーダ」というアイデンティティに出会えていないコーダはまだまだ大勢いると思います。ひとりで苦しんでいるコーダもいるでしょう。今後は、「親が人工内耳」というコーダも増えてくるでしょうし、私世代の親は夫婦ともにろう者という家庭が多かったのに対し、今の時代は親のどちらかが聞こえないという家庭が増えているように感じます。それは、聞こえない人が聞こえる人と関わる機会が増えたことや、昔のようにろうコミュニティに属さなくてもろう者が生きていけるようになった社会背景があると思います。ですが、聞こえない世界はコーダの身近にあり、聞こえる世界に生きるコーダを悩ませることは、時代が移り変わっても、本質的にこれまでとさほど変わりないと思います。

現代では「コーダ」ということばをインターネットで検索すれば、様々な情報にたどり着けるようになりました。昭和、平成、令和と生きてきた大人コーダたちは、これからを生きるコーダたちが、どうかつらすぎる思いをしないようにと胸を痛めつつ、私たちの経験が少しでも何かの役に立つだろうか、コーダの心を癒せるだろうかと、こうして文章を書き記します。

「聞こえる・聞こえない」というところに「手話」という言語の問題が加わり、そこに親子や家庭の問題、個々の性格の問題が加わってくるので、「コーダ」といっても本当に多様です。ろう者や聴者が多様であるように、コーダもまた多様なのです。

私は親戚の集まりに行ってつらい思いをすることはありませんでした。でも、ほかのコーダの話を聞くと、「親戚の集まりで自分が通訳をしなければならないのがつらい」「親が親戚たちの話題に入れないのが見ていてつらい」という人がいるのも事実です。生活の中でも、「手話を使って親と話そうとしても、祖父母から手話を使うことを止められた。手話なんかみっともないし、使う必要がないと言われた」と話すコーダもいます。身内からの無理解や差別に苦しむコーダが多いことに、私は驚きとショックを隠せません。私の叔母たちは手話こそできませんが、「手話はダメ」という差別の意識はなかったので、コーダでもこんなに環境が違うのかと思わされます。

「聞こえない自分はかわいそうなんだ」とコーダにアピールする親も実際にいます。聞こえない親の生い立ちに原因があるのだと思いますが、「聞こえないことに甘んじている親が嫌い」と切なく語るコーダを何人も見てきました。私の父も状況によってですが、「自分は耳が聞こえないんだ！　だからできない！」と猛アピールしてくるときがあります。そんなとき、コーダとしての私の心は「守ってあげたい、助けてあげたい！　伝えてあげなきゃ！」という気持ちと、「自分のことは自分でやってよ！」というふたつの相反する気持ちがぶつかりあい、胸が苦しくなるのです。

本当に、コーダも十人十色。様々な家庭環境で、コーダたちは生きています。

私はコーダにしてほしいことがあります。それは、「自分の親以外のろう者を知ること」「自分以外のコーダを知ること」です。私がそうだったのですが、ろう者は全員自分の親と同じだと思い込んでいました。しかし、実際にいろんなろう者を知ると、私の持っていた価値観は間違っていたことに気がつきました。それと同時に、私の心の中にろう者に対する偏見があったことにも気がつきました。「ろう者だからできないだろう」と私が勝手に決めつけていたことは、工夫すればできることがあり、ポジティブさで乗り切っているろう者もいるということを知りました。特に自分と同世代のろう者、若者ろう者やろう児に出会えたことは、自分の小さくて狭い世界を広げることができたと感じています。

そして、自分以外のコーダたちの存在。まるで自分の分身かと思うような考えを持っているかと思えば、私には持ち合わせない考え方も持ち、自分と同じ「親の耳が聞こえない」という世界線で生きているコーダたち。「どうせ誰にも分かってもらえないだろう」と思っていたことを「うちもそうだよ」とごく自然に、当たり前に受け止めてくれ、さらに、「そんな経験もしているの⁉」と驚くような話をしてくれることもあります。聴者から「かわいそう」と言われてしまう経験が「あるあるだよね」と笑い話になり、心の中ですっきりと消化できる瞬間になります。ろう者や聴者からいくらアドバイスをもらっても聞き入れることができなかったことが、コーダから言われると、すんなり素直に聞き入れることができるのです。この感覚は、自分でも不思議に思います。世の中には「聞こえない人」と「聞こえる人」の二種類しかいないと思って日々暮らしている私ですが、コーダと話すときだけは、「自分と同じ世界線を生きるコーダがいる」と心強くなれるのです。

それから、手話のことを一番誤解しているのはコーダかもしれないと感じるときがあります。自分の親だけを見て、ろう者を分かった気になってはいけないし、ろう者や手話を見下してはいけないと思います。手話は自分と親だけが使う言語ではありません。手話を使って生活している家庭は自分の家だけではないし、手話通訳者や手話学習者たちは日本国内に大勢います。本気で手話を習得しようと努力している人たちや、手話やろう者のことを理解してもらおうと奮闘している人たちがいます。自分の生活圏内で見かけないだけ、あるいはコーダが知らないだけで、手話はすでに市民権を得ています。耳が聞こえないことや手話で話すことは、恥ずかしいことでもみっともないことでもありません。

自分の親以外のろう者と出会い、話し、そのろう者たちを取り巻く人たちや環境などを知って、改めて自分が「コーダ」だということを感じてみて欲しいです。そしてできることなら、自分以外のコーダと出会い、話をしてみて欲しいです。きっとそれまでには考えもしなかった気持ちや感情が、自分の中に芽生えてくるのではないかと思います。

おわりに

私はろう者にも聴者にもなることはできません。ですが、今はコーダとして生きています。いつでも「聞こえる」だの「聞こえない」だのと考えている自分は、ちょっとおかしいのではないかと思っていますし、面倒くさいコーダだという自覚もあります。でも私は、そんな自分のことが決して嫌いではないのです。

「コーダ」ということば、そしてアイデンティティに出会い、人生が大きく変わったような感覚が私にはありますが、それは私にとって、とても重要なことでした。今では、「コーダ」ということばが私の人生を導いてくれているような感覚さえあります。

今回、私の心の中の、「ろう者にも聴者にも理解してもらえない。言ったところでどうにもならない」と思っていることを、ためらい、悩みながらも書かせて頂きました。言語化し文字化する、こうした機会を頂いたことを、心より感謝申し上げます。

第6章

聞こえない親の看取り介護と向き合うとき

中津真美

はじめに

私は、ろう者の父と聴者の母、四歳下の弟の四人家族で育ちました。今はすでに、父と母は他界しており、弟は地元で、私は少し離れた他県で暮らしています。両親が亡くなってから、ずいぶんと年月が経ちました。「聞こえる」「聞こえない」に関わらず、親が亡くなったあとになにかしらの心残りが生じる人は少なくないようで、私も弟も例にもれず、両親に対して悔いる気持ちを今でも持ち続けています。ただ、二人とも、聞こえない父に対する後悔のほうが、聴者の母への後悔よりも何倍も大きいのです。

コーダが聞こえない親の看取り介護に向き合うときに、聞こえる親への看取り介護には見られない、コーダ特有の困難に直面することがあります。しかし、親の看取り介護に関してコーダが参照できる資料はあまりに少なく、今もそれぞれのコーダが手探りのまま、孤軍奮闘している状況です。本章では、私と弟が、かつて聞こえない父の看取り介護に向き合っていた日々を主軸に置きながら、今まさに聞こえない親の介護に直面している複数のコーダの語りも重ね合わせて、その経験を綴ります。

私の生い立ち

本題に入る前に、私の生い立ちと家族のことを簡単に振り返ります。私の父は、ろう学校を卒業してすぐに、家からほど近い場所にある鉄工所に勤め始めました。あるとき、近所に越してきた聞こえる母に一目惚れをした父は、それからというもの、何度も何度も母にアプローチをし続けたそうです。当時は、今ほど社会に〝障害〟に対する理解が浸透していない頃でしたから、母方の親戚は一様に、聞こえない父との結婚に反対したようでしたが、最後には母は、父の熱意にほだされて父からのプロポーズを受け入れたと聞きました。

結婚後まもなく、私と弟が生まれました。私が幼い頃は、母は手話がまったくできず、父と母は身振りや筆談で会話をしていました。なお、私の父は、まったく声を発することはなく、補聴器なども装用せず、手話を主たる言語とするろう者です。書記日本語には苦手意識があり、父が書く文章は、意味は通じるけれどもどこかがちょっとぎこちないものでした（そのような父の文章も、今ではたまらなく愛おしい思い出です）。

やがて、私が小学二年生か三年生になった頃に、母から、「父さんが、家の中で話す人がいなくてかわいそうだから」という理由で、手話を習いに行くことを提案されました。このような経験をもつコーダは少ないかもしれませんが、私は、いくつかの場所で、手話を習い始めることになったのです。そうはいっても、大人の中に子どもがひとり放り込まれるのは決して居心地のよいものではなく、どの場所も長続きはしませんでしたが、唯一、手話ができる近所の牛乳屋さんのおじさんのところには通い続けました。私はおじさんのことを、手話の先生と呼んでいました。手話の先生のお宅に行き、正座して先生と向かい合い、「春」「夏」……など手話の単語を教わりながら、物心ついたときから自然に目に触れていた父の手話の意味が、次々と理解できていく楽しさを味わいました。また、なにより、家に帰ってから先生に習った手話を父の前で披露すると、父がとても嬉しそうにニコニコしていることが嬉しく、父の笑顔が見たくて、私は手話の先生のもとに通い続けました。

父のことは、大好きでした。幼少期の頃より、母から事あるごとに、「父さんは、子どものように純粋な人だから」と聞かされてきました。そのためでしょうか、私は父のことを大切に思い、子どもながらにどこか父を守ろうとするような気持ちをもって成長しました。私は、父のために、手話や聞こえない人のことを広めたいという気持ちを強くもち、中学校での校内弁論大会では「私と手話」というテーマを掲げて出場したり、父と出かけるときには、人の多い場所であえて手話で会話をしたりしました。私がこのような思いでいたことに、父は、果たして気付いていたのでしょうか。知りたい思いに駆られますが、今となっては叶わない願いになってしまいました。

私は、高校卒業後にはすぐに働いて、父を守り、家計を支えようと考えていましたが、周囲からの勧めもあり、悩みながらも最終的に進学することを決め、家を離れることになりました。大げさですが、当時の私には、家を捨てる、親を捨てるという気持ちになるほどの、罪悪感を伴う身を切るような思いの決断でした。

私の家は、とても小さな田舎の町にありましたから、近所に顔見知りも多く、私が家を離れる日の朝はたくさんの人たちが私を見送りに集まってきてくれました。最寄りの駅までは、車で移動するしかない地域なのですが、父は、両親（私の祖父母）から、聞こえなくて危険だからと運転免許の取得を許可されませんでした。そしてなぜか、聞こえる母までも運転免許を取らせてもらえず、そのため、わが家には車がなく、この日は近所のおばさんが最寄り駅まで送ってくれました。私が家の玄関を出て、車が発車する間にも、父は号泣し、近所の人たちがそんな父をなぐさめてくれていたことを覚えています。

誰が親の通訳をするのか

私が成人したのちに、父の体に異変が生じました。腰部の痛みが激しく、数件の病院にかかり腰痛と診断されましたが、実は膵臓がんでした。ここから、父の頻繁な通院や、入退院を繰り返す生活が始まっていきます。それに伴い、わが家に、〝父の通院や入院の際に、誰がどのようにして父に情報を伝達するのか〟という問題が立ちふさがりました。

多くのコーダにとって、〝聞こえない親への通訳の役割〟は、程度の差こそあれ物心ついた頃から自然に担ってきた役割であろうと思います。その役割は、コーダが成長して親から自立することでいったん遠ざかりつつも、親の介護に直面するときに再び頻度を増してコーダの前に現れることがあるようです。幼少期に当然のように担ってきた通訳とは異なり、今度は、コーダ自身の意志で担うかどうするかを判断しなければなりません。他のコーダは、どうしているのでしょうか。ここで、親の介護に直面してきたコーダたちの、さまざまな語りを紹介します。まず、親の通院や入院の際には自治体の手話通訳や要約筆記の派遣制度を利用するという声がありました。

「うちは、だいぶ前から、登録手話通訳の人を呼ぶ癖を親につけてもらってたんです。登録の人を呼んでもらって、登録の人同士で引き継ぎができるようにしてもらってました。ただ、意思決定とか相談が必要っていうキーの受診日とかは、私も家族として一緒に付き添いました」

「父が入院したときに、暴れて、退院するって言って、帰ってきたことが何回もあって。

そのときは兄とも母とも相談して、毎日、病院に通訳を派遣してもらったんですよ。はっきり入院期間が決まっている一週間くらい、通訳の人を派遣してもらって、父が病院に言いたいことがあったら間に入ってもらって、っていうのをしましたね」

同じように、通訳の派遣制度を利用することで、自分が「通訳者」ではなく、「家族」として親に付き添える良さについて話すコーダたちもいました。

「通訳さんがいてくれて、よかったです。自分が通訳をするときと違って、家族としての自分の意見が言えるし。やっぱり緊急性が高いと、通訳を呼べないっていうのもあって、それにはちょっと悩みましたけど」

「私は、通訳する気でいたんですけど、兄が、交代で父の受診に行こう、受診に付き添ったらメモを取ってそれを共有しようっていう風に提案してくれて。母と私と兄でLINEグループを作って、父の受診のときは、兄か私かどっちかが付き添って、先生の話とか父の受け答えした様子とかを全部メモして写真に撮って、それをＬＩＮＥで共有するんですね。そうすると、私も通訳を頼まないとメモが取れないんですよ。だから、やっぱり通訳を頼もうかってなって、頼んだらすごく楽なんです。家族として受診に付き添えるので、娘としての意見が言えるんです。なので基本は、全部通訳を頼んでいます」

また、以前は、自分が親の通訳を担っていたけれども、自分自身の生活とのバランスを考慮して、通訳の派遣制度を利用するようにしていったというコーダもいました。

「以前は、母の病院には当然のように付いていってたんですけど、結局、自分も働かないといけない中で、母も高齢になって受診の頻度が上がってきて、毎回付き添えなくなってきて。昔から、通訳しているあなたは偉いねっていう風に、周りの大人から育てられてきたので、自分が通訳しないダメな子になることに、なかなか決心つかなくて。でも、やっぱり自分の生活を優先しようと思って、意を決して通訳を依頼することにしたんです。最初、母はかなり拒否したんです。なんで、あなたは付いてこれないのって。それでも心を鬼にして、私は仕事もあるし、子ども小さいし、よう行かんって。で、通訳をつけたことで、結局、最初かなり拒否していた母が、通訳さんってこんなにたくさんの情報を届けてくれるんや、すごいいいやんっていう風に感じ取ってくれて。今は、通院は完全に通訳さんにお願いしています。親は、通訳の依頼も自分でできるようになりました」

そのコーダは、このように話を続けてくれました。

「これから、介護的にも身体的にもどんどん落ちてくると、嫌でもたぶんまた私が通訳に行かなあかんときが来ると思うので、通訳の制度に頼れるうちは頼っておきながら、自分も母とちょっといい距離感で過ごせる期間を設けないと、詰めてしまって親子の関係が悪化しても困るしなと思いながら。いい距離感を保ちながらっていうのは、いつも心がけてます」

また、病院側の少しの配慮によって、通訳を介さず親と病院側が直接やりとりできたという経験をしたコーダもいました。

「病院の人たちがすごくいい人たちで、この単語の手話を教えてくださいって、いくつか挙げてくれて。それで私が手話の単語のイラストを描いて、渡して。それを使って、親に手話したり指差ししたりして使ってくれたんで、それはほんと、よかったなと思います」

一方で、病院や親といった周囲から、家族である自分が通訳することを期待され、葛藤するコーダもいました。

「看護師さんに、通訳の方に来ていただいていますって言っても、でもお母さん何か言われていますよって私が呼ばれる。通訳の方は通してくれなくて。ほとんど私があっちに呼ばれ、こっちに呼ばれ、院内をずっとうろうろしてて。通訳の方にも、私いらないんじゃないって感じで言われてしまって」

「親が、早朝に自宅で転んだようで、メールで、救急車を呼んでくださいときたんです。私の家と親の家は一〇〇〇キロ離れているのに、呼びようがないですよね。家の鍵もないですし。それで早朝に、親の近くに住むおばさんに電話して、鍵を開けてもらって救急車を呼んだんです」

あるコーダは、親の介護と今の自分の生活との両立の難しさを話していました。

「子育てに専念したいけど、親のこともあるし、そういったなんですかね、子どもだけのお母さんでいられないっていう、なんかこう板挟みだなっていう気持ちがいつもあります。娘に我慢もさせてると思うので、それも辛いですね」

他方で、気持ちが揺らぎながらも、親の通訳を担っているコーダもいました。

「ただでさえ親の病気で、私もしゅんと心が萎えているんですけど、通訳で頑張らないといけないところもあったりして、ちょっとしんどいなって思ってるんです。すべて私が同席するわけではなくて、通訳にお願いして任せてしまったりするほうがいいのかな。でもそんなことしたら、父と母が、娘の私にも知っててほしいのに、一緒にいてほしいのにってなって、かわいそうなのかなって思ったり。始めは通訳を利用してほしいってすごく思ってたのが、最近、結局、自分がやった方が、親がきちんと納得して選択をして、決定ができるって思ってもいて。ただ、まぁ家族としてほんとに話を聞いたり意見を言ったりするんだったら、通訳を活用したらいいかなって風に思いました」

私個人としては、できればコーダには、通訳者ではなく子どもの立場で親の介護に関わってほしいという願いはありますが、実際には、それぞれのコーダの置かれた環境や思いは多様ですから、ベストな方法もまた一様ではないと感じています。自分ひとりで考え込まず、親や、できれば親族間でも相談をし、他のコーダの話も聞き、これまでの自分のコーダとしての歩みも振り返り、少し一歩引いて客観的に状況を見つめながら、そのときのベストな方法を探っていければよいように思います。そのときのために、通訳の派遣制度の利用も含め、あらかじめいくつかの選択肢を準備しておくことは大事といえそうです。そのうえで、最終的に〝親の通訳をするのか、しないのか、コーダ自身が決める〟ことこそが、大切なのかもしれません。

さて、わが家は、どうしたかというと、実はそもそも当時の私の住む町では、まだ通訳の派遣制度が十分に整備されていませんでしたし、今とは状況が異なり、家族内の問題を他人に頼るという概念すらない時代でした。もしも通訳を依頼すれば、周囲からは、「親の面倒もきちんと見ずに人に頼って」という目で見られていたかもしれません。今では通訳の派遣制度が整備され、当時と比べ、コーダにとって安心できる社会になったと思います。この制度が、コーダの家族にとって、さらに使いやすく、身近な存在となってほしいと心から願います。

わが家に話を戻すと、母も弟も仕事をもっていましたし、私は遠方に暮らしていて、親族を頼るといっても父のきょうだいは皆、高齢でしたから、結局、父の通院は母と弟が仕事の合間を縫って付き添うか、私が帰省して付き添うか、父がひとりで行くしか選択肢がありませんでした。ただ、そのことが、のちにわが家にとって大きな後悔を生むことになるのです。

これまで小さな病院で腰痛と診断されていた父でしたが、痛みはひどくなるばかりで、隣町の少し大きい病院に行くことになりました。そこは、父がもう何十年も通い慣れた病院でしたから、このとき父は、家族を付き添わせることもなく、ひとりで病院に行きました。そこでようやく膵臓がんの疑いがあると判定され、父は医師から、「この病院ではなく、もっと大きい病院へ行ってください」と告げられました。一般に、「もっと大きい病院へ」という言葉とは、精密検査が必要な病気が隠されている可能性があることを示唆するものといえますが、これはあとから知ったことなのですが、父は単に〝先生は自分に、他の病院を勧めている〟と捉えていたようで、「自分は通い慣れた先生の病院の方がいい」と考え、大きい病院には行かなかったのです。医師は父に、筆談で伝えたのだろうと思われます。書記日本語は苦手な父です。聞こえる世界でのこのような言い回しは、父には正確に伝わらなかったようで、のちにこのことを知った私たちはひどく悔やみ、あのときなぜ父と一緒に病院に行かなかったのかと、しばらく自分を責め続けていました。父が、大きい病院で精密検査をすることになったのは、もっと病状が進行したあとのことでした。

自分が決定しなければならないということ

聞こえない親の介護について、あるコーダが、このように話していました。

「聞こえる人に、介護はみんな大変だから、あなたも一緒よって言われるけど、違うじゃないですか、聞こえない親の介護の大変さって。それは、やっぱコーダにしかわかんないんじゃないかな」

聞こえない親の介護の大変さのひとつに、〝自分が決定しなければならない〟ことがあると話すコーダがいます。

「親のことを親が決めるんじゃなくて、私とか兄とかが決めないといけないっていう機会が、格段に増えるって思うんです。もともと生活力はある親なんですけど、介護保険のサービスとか複雑で、何が何かわからないんですよ。通訳を付けて説明を受けても、親はその場で通訳されてる内容は分かるけれども、意味までちゃんと分からないので。私たちが決めないといけないなっていうのは、すごく負担というか」

〝自分が決定しなければならない〟ことについては、親の介護場面に限定された話ではなく、既に幼少期の頃から、自分のことや家のことを（親ではなく）自分が決めてきたというコーダも多く、「決定はしますね、全部私が、結局。私に、最終判断を委ねられていたので、ずっと自分で決めてきた。良いのか悪いのかも分からずに」のように話します。けれども、幼少期には親や周囲に頼られるままにただ物事を決定してきたことが、親を介護する時期には、責任の重さを意識しながら親に代わって決定をする機会が増えていくことになるのですから、その負担はもしかしたら想像以上に大きいものなのかもしれません。その心情を、現在、聞こえない父親とともに、聞こえない母親を介護しているコーダがこのように語っていました。

「母のことで大事なことを、父ではなく私が決めてしまうということも、私だけに責任を負わせるの？　って、父に腹も立つし。かといって父が今さら、意見を言えるような人には急にはならないので、どうしようかなと思っていて。自分の心の整理。解放されたい気持ちと、でもやっぱり母が可哀想かなという気持ち。後悔したくなくって放棄できない、無視ができない、距離の取り方が分からないっていうのが、自分を苦しめてるなって思うんです」

解放されたい一方で、親を無視することはできないという、両極の感情に揺れるのは、親の介護場面に限らず、多くのコーダの人生の過程で幾度となく繰り返されてきたことなのかもしれません。それに加えて、介護場面においては、コーダの中に後悔したくないという思いが大きく働くことがありますから、それが揺れる気持ちをより増大させるのであろうと思います。

さらにコーダたちは、聞こえる子どもを頼る親の心情とその痛みも、まるで自分のことのように理解して受け止めています。

「決めるってことに関しては、もう全部決めてきました、私が。最終的にどうしたらいいってことを、母は全部私に聞いてくるので。でも、その母も幼少期から育ってきた環境の中で、やっぱり自分に自信が持てないっていうような幼少期時代を生きてきただろうし、なにをしても聞こえる人たちに怒られるっていう子ども時代をおくってきて。私も子どものときに、母親が怒られてる姿をずっと見てきたので。自分で決めるという自信がない、選択肢の中から選べない、ということも分かるんです」

私が父の看取り介護に直面していたときには、私は〝自分が決定しなければならない〟ことに疑問をもつこともなく、熟考することもなく、いつの頃からか私に与えられた当然の役割のように受け止めていました。しかし、父が亡くなって数十年が経ち、ある程度、当時を客観的に振り返ることができるようになった今になってから、自分が決めた答えは果たして正解だったのか、私の心の中に重くのしかかるようになりました。

それは、父の精密検査の結果が出たときのことです。結果は、母がひとりで聞きに行き、そのタイミングで私も実家に戻りました。母は、家に帰ってくるなり私にこう尋ねました。「やっぱり、父さんは、がんだった。父さんに伝えるか伝えないか、どうしたらいい？」私は、迷うことなく、「父さんに伝えるのは、やめよう。父さんは、子どもみたいに純粋な人だから」と答えました。私の中に、父にショックを与えたくないという気持ちがありました。私が幼い頃は、障害者運動が盛んで、聞こえない人々が一気にさまざまな権利を獲得していく時代でしたが、一方でまだまだ聞こえない人に対するあからさまな差別観も残存しており、聞こえない人の社会的評価も今より低い世の中でした。その世の中の風潮に、私も取り込まれていたのかもしれません。父は一人では生きていけないほど弱く、がんの告知に耐えられるはずなどないと思い込んでいたのです。今であれば、父の聡明さや強さに気づくことができ、私の出す答えは違っていたものと思います。また、私の母は聞こえますが、中卒で学がないことをいつも気にしていて、どこか自信なさげにしており、いつの頃からか家族の中で私の意見が通ることが多くなっていました。このときも、私の意見に、母は同意しました。

父のがんは、やがて全身に転移し、数回の手術が行われ、入院時には、母と弟が代わる代わる父に付き添うことになりました。私は離れた地で生活をしていましたが、月に一度のペースで夜行バスに乗って病院に行きました。母も弟も私も、父の前では元気にふるまっていました。

手話ができればよかったのに

弟は、手話を習得してきませんでした。それでも父との仲はよく、父とは、簡単な手話の単語を並べて、身振り手振りも交えながら会話をしていました。弟に、父が入院していた頃の気持ちを尋ねてみたところ、手話を習得してこなかったゆえのもどかしさと、今も抱き続ける後悔の念が口をついて出てきました。

「自分は手話を覚えてこなかったけど、周りからは、聞こえない父親の子どもやから手話ができると思いこまれてる。看護師さんからも、お父さんに伝えてってお願いされる。でも、自分は父さんに、ほんとに簡単なことしか伝えられない。父さんから聞かれたことにも答えられない」

父には、がんであることを告げていませんでしたから、通常であれば父の病状は本人のいないところで家族に説明がなされるものですが、看護師さんは皆、父が聞こえないことを知っていたので、父がいる場所でも弟に、父の病状を口頭で説明することがありました。その声は、もちろん父に届くことはありませんが、父はそのときどきの雰囲気を瞬時に察し、なにかよくない話をしているようだと感じたときには、弟に何度も「看護師さんの説明は、なんだった？」と尋ねることがあったといいます。父は、自分自身ががんであることを知りませんでしたから、弟は父にごまかし気味に答えなければいけないというプレッシャーもある中で、それを不得手な手話と身振りで説明しなければなりませんでした。

「もうそのときは、薬、変えたよ。大丈夫、大丈夫、としか伝えられなかったな」

と、弟は当時を振り返ります。そして、当時の複雑な心情も吐露します。

「手話、覚えてたらよかったな。父さんが入院している間、ずっと病院に通ってたけど、父さんに伝えることも、父さんの言葉を理解することもできなくて、自分はここに居て意味があんのかなぁって。でも、俺が病院に行くと、父さん嬉しそうにするし、まぁ、行くだけで意味あるのかなとも思ったり。でも、自分はいったい何の役に立つんだろうって気持ちはずっとあって。その繰り返しやったな」

私は、そんな弟に、手話を覚えようとしなかったのかと尋ねてみました。

「俺もまだ若かったし、なんていうのかな、格好つけるとこがあって。親に対して距離をとる、手話も覚える気にならない。今思えば、そんなことしてる場合じゃないって分かるんやけど、そのときはなんで俺が、って。ほんとなら手話を覚えて、父さんと会話して、父さんとの時間を大事にしなきゃいけないときなのに。父さんに関しては、本当に後悔が多い」

そして最後に、このように話していました。

「実際のところ、親子だから、俺が手話できなくても通じる部分は多々ある。けど、手話でしか伝えられないことは、必ず出てくる。状況にもよるだろうけど、手話を覚えたほうがよかったと思う場面はあると思う。そう思うことなく親が亡くなる場合もあるだろうけど、そういう状況ができたときに手話を覚えといたほうがよかったって後悔するくらいなら、最初から覚えておいたほうがいい。親子の関係もいろいろあるだろうから、あぁやっと亡くなったって後悔しない人もいるだろうけど、もしも〝自分は後悔するかもしれない〟と思ったら、覚えたほうがいい。俺は後悔しとるから」

私だけではなく弟も、今もなお、やりきれない後悔の念に駆られているようでした。

父と母の絆

やがて母は、毎晩のように、父の入院する病院に泊まり込むようになりました。若い頃はいろいろとあった両親でしたが、晩年の二人のアルバムには手を繋いでる写真も多く、傍から見てもとても仲がよい夫婦でした。

わが家は小さな田舎町にあり、少し離れた町にある病院への交通の便は決してよいものでなく、ある日、母が車の免許を取ると言い出して、自動車教習所に通い始めました。母は、その自動車教習所が始まって以来の高齢の教習生であったようで、町の話題にもなりました。そして、はれて自動車免許を取得した母は、あらたに購入した軽自動車を運転して、病院に通いました。夜は、父のベッドの隣に母が泊まる簡易ベッドを置き、父と母の手首を、ひもで繋いで寝ていました。母は、「夜中に父さんが何かあったときに、声出せなくても、ひもを引っ張ってもらったらわかるやろ」と、まるで世紀の大発見をしたかのような勢いで、私に教えてくれました。父は、ただニコニコ笑っていました。

父の病状が少し回復して退院できた頃には、母も手話を習得し、夫婦二人で地元の手話サークルの立ち上げに関わって、あらたな友人をたくさん作っていました。こうして晩年にも、地域の方々に助けられ、地域でたくさんの思い出を作った父でしたが、がんは、あっという間に全身に転移し、最期は意識朦朧とした状態の中で生涯の幕を閉じました。家族は皆、父の最期の瞬間に立ち会うことができ、亡くなった父に声で話しかけていました。この声が、聞こえない父に届くといいなと思っていました。

お別れのあと

あるコーダが、親が亡くなったあとにも通訳が必要になる状況を、共有してくれました。このコーダは、両親ともろう者で、父親の看取りのときの経験を振り返って、このように話していました。

「父の看取りには間に合わなかったんですけど、亡くなったあと、まず最初に市役所に電話したんですよ。葬儀をするけど手話通訳さん来てもらえるかって、確認を取って。ただ、式は通訳さんに来てもらえるんですけど、その前にいろいろ葬儀場の人と打ち合わせしたり、お寺さんと打ち合わせしたりがいっぱいあって、聞こえない母親が喪主だったので、全部そこに通訳が必要で、自分と母の妹が分かれて通訳したりしたんですけど。結構、通訳さんが来ていない時間の通訳が大変でした」

「あと、父が亡くなったあとの手続き書類の段取りが大変で、自分の忌引きの間ではとても終わらなくて、それは通訳者さんに協力してもらわないと無理かなという風に思いました」

両親が聞こえないコーダの場合には、どちらか一方の親が亡くなったあとも、葬儀や各種手続きなどの場面で、もう一方の親への通訳が必要になりますから、通訳に関する段取りをつけることが重要だといいます。私の父が亡くなったときには、残された母は聞こえるものの、葬儀にはたくさんの聞こえない方々の参列が予想されましたから、地元の手話サークルの方々に通訳をお願いしたことを思い出しました。

さて、この経験を共有してくれたコーダからは、親の看取り後の心境も教えてもらいました。

「父の葬儀をすすめる中で、本当に忙しくて、聞こえない母に情報を提供しないといけないという責任感でいっぱいいっぱいで、悲しむ暇がなかったです。一週間経って、介護用品の引き上げがありました。父の寝ていたところに寝転がって、天井を見上げて、父はこの景色を見ていたんだと思ったら、やっと実感がわきました」

私も同じでした。私の場合には、葬儀のあとしばらくしてから、もう父に通訳をすることはないのだと思ったときに、父がこの世にいないことを実感し、取り返しのつかない罪悪感に苛まれました。あのとき、父の通院に付き添っていればよかった、父にがんの告知をしていればよかった、もっと父の聞こえない苦しみを理解してあげればよかったと、後悔の念が押し寄せました。弟も、そうです。手話を覚えていれば父の役に立てた、父のためにできることはあったのにと悔やむ思いだったと言います。弟は、「自分が、ある程度、年を取ってから気づいた気持ちやな。それからは、何年経っても後悔しかない。母さんの最期のときは、もっと優しくしておけばよかったとかの後悔。父さんに対する後悔のほうが、何倍も大きい」と言います。

今、私と弟の中には、どこか肩の荷が下りたような気持ちと、たまらなく寂しい気持ちと後悔とが混在し続けています。もしかしたら、親の看取り介護とは、どれだけやり遂げてもいくらかの後悔はどうしても残るものなのかもしれません。しかし、コーダ特有の看取り介護の状況について、あらかじめ心得ておくことで、後悔を減らすことはできるように思うのです。通訳の役割も含め、ひとりで背負い込まないように役割を分担できる先の選択肢を準備しておいたり、相談できる先を作っておいたり、なにかあったときに情報交換できるコーダの仲間を作っておいたり、手話を習得したりして親と十分に会話ができる手段を確保しておいたりするなど、コーダとして今のうちからできることは、いくつかありそうです。

さて、わが家では、父が亡くなってからずいぶんと年月が流れたのちに、母もがんで亡くなりました。母が亡くなった日は、父の命日でした。母は、まるでこの日を待って亡くなったように見えました。いつまでも仲の良い夫婦です。聞こえる母の葬儀にも、聞こえない方々が参列してくれました。葬儀の会場の通訳は、かつて父と母が立ち上げに関わった手話サークルの方々が担ってくださり、その調整を買って出てくれたのは小学生の私に手話を教えてくれた先生でした。

思えばわが家は、昔からずっと地域の方々にお世話になり続けてきたのだと、その光景を見て実感しました。今も大好きな町です。

父の看取り介護の日々は、わが家のこれまでの形を大きく変えるものでした。この章に登場したコーダたちもまた、聞こえない親の介護と向き合いながら、家族のあらたな形を模索しているように見えました。この章が、介護に向き合うコーダにとって、自分なりの家族の形を見つけていくための、ひとつの手立てになれば幸いです。

あとがき

澁谷智子

六人のコーダの話、いかがでしたでしょうか？　「コーダ」と言っても、その体験や想いは一人ひとり違い、きょうだいの間ですら違い、それぞれの人の一つの側面として「コーダ」という面がある、ということも見えてきたのではないかと思います。でも、本の中でも複数のコーダが触れている通り、コーダはたとえ自分の体験は違っていても、他のコーダの話に自分を重ねるところがあるようです。

これだけ多様なコーダをつなぐ共通の経験としてあるのは、いったい何なのでしょう。一つは、「違い」を意識する局面にたびたび遭遇するという点かもしれません。コーダにとっては、まず、聞こえない親と自分との違いがあります。聞こえない親と聞こえる子どもという身体の違いは、コミュニケーション方法や情報へのアクセス、学校教育や交友関係や将来の進路の違いを親子の間にもたらします。日常生活においても、親は遠くから声で自分を呼ぶことができるのに、自分は親の視界に入って見てもらわないとコミュニケーションができないといった非対称性があります。聞こえない親がろう者コミュニティと密に関わっている場合には、ろう者の集団に親近感を覚えながらも、その中に完全に入れないというジレンマを抱えることもあります。ろう者コミュニティは、聞こえない人がホッとできる場所を確保することを大切にしているコミュニティであり、その中で、聞こえるコーダは、聞こえない親につながる存在として内輪扱いされることもある一方で、「聞こえる人」として扱われてしまう局面もあるのです。

一方で、コーダは聞こえる人たちに対しても「違い」を感じてしまうことがあります。周囲の人が聞こえない親ではなく子どもである自分に話そうとしてきたり、「普通」って何だろうと思ってしまったり、自分の「当たり前」は他の人にとっての「当たり前」ではないのかもしれないと思ってしまったりする経験を通して、コーダは怒りや劣等感を抱いたり、変に気を使ったりしてしまうこともあります。他のマイノリティに共感できるところがある半面、何も考えていない多数派に羨ましさや苛立ちを感じることもあります。こうした「違い」を意識せざるを得ない局面に遭遇することが多いのは、コーダの特徴の一つと言えるでしょう。

コーダに共通するもう一つの特徴は、「境界人」であるということだと思います。コーダは聞こえない人の世界と聞こえる人の世界の両方を見聞きしているけれども、その両方を知っている人はあまりいません。たとえば、聞こえないということについて、一般の聞こえる人に自分が理解しているようにわかってもらうことはなかなかできません。「説明して」と言われても、聞こえない親との長年の生活の中で身に付いた感覚は、言語化しようにもできないところがあります。逆に、聞こえる世界のことを、聞こえない人に説明するのも困難です。たとえば、「音楽ってどういうもの？」と聞こえない人に訊かれて、どのように説明すれば、それは充分に説明したことになるのでしょうか。「どういう時に音が出るの？」と言われて、スーパーのレジ袋をガサガサさせる時には音が出ているとか、雨がこれぐらいの強さで降る時には音がするとか、どこまで説明できるでしょうか。

もちろん、聞こえない人の世界と聞こえる人の世界の両方に長く接してきたコーダは、お互いに接点のない人に比べれば、つなげたり橋渡しができたりする存在でもあります。コーダの中に通訳を担う人がそれなりにいるのも、そうした状況の現れでしょう。それでも、両方の世界が見えすぎてしまう「境界人」のコーダは、伝えられなさのほうをより強く意識しているようにも感じます。それぞれの世界では前提となっていることも、一方の世界では共感を呼びにくかったり、想像が難しかったりします。でも、一つの世界だけで生きている人たちは、そもそもそうしたことに気がついてすらいません。

「境界人」には見えてしまうし、「境界人」は気づいてしまうし、「境界人」は感じてしまいます。通訳一つをとってみても、たとえば、「右から出てきた車と自転車がぶつかった」という日本語を聞いて手話で表す時には、情報を確かめて補わなくてはいけません。車の速度はどれぐらいだったのか、自転車はどの角度からどの方向に走っていてどんな勢いで車とぶつかったのか、その後どうなったのか、そうした情報がないと、手話で空間的に表せないのです。でも、こうしたことは、手話を知らない聞こえる人には、あまりピンと来る事柄ではありません。言語以外の面でも、前提や「常識」が違うことは山のようにあります。

このようなことを日々経験しているコーダにとって、理解のされなさ、伝わらなさは当たり前のことで、時には、誤解される、浮いてしまう、ということも起きます。外国人であれば、あるいは見た目でわかりやすい違いがあれば、「知らなかった」とか「文化の違い」という説明も受け入れられやすいかもしれませんが、コーダのような「境界人」の場合、それは集団としてではなく個人がかぶるものになってしまいがちです。それが続けば、コーダの自己肯定感や自信は揺らいでいってしまうかもしれません。

それでも、近年、コーダの経験を発信していこうという人は少しずつ出てきています。文章、講演、動画、アート、演劇、研究……さまざまな分野で、コーダであることの豊かさや楽しさや意味や構造を、より多くの人に伝わるように、さまざまな工夫を凝らした発信が試みられています。コーダを描いた小説や映画やドラマが作られるだけでなく、コーダの視点でデザインされるものが、これからどんどん増えていくでしょう。そうした表現やそれを可能にする場があることも大切だと思います。自分以外のコーダと出会い、コーダであることの「あるある」話を聞き、自分と家族との関係をこれまでとは違う角度から見られるようになったりして、コーダの語りは深く広くなっていきます。思春期のコーダにとっては、自分を模索していく時期に自分を重ねられる誰かの話を聞くことは、その視野を広げ、安心感を育むことにつながります。コーダとしての共通点も多様性も知り、親が聞こえないということを他のコーダはどう捉え自分の人生の選択を積んできたのか、時間の経過の中で見え方はどう変わってくるのかなど、普段はなかなか聞いたり質問したりできない話をする機会を多くのコーダが持てるよう、その環境作りのお手伝いをこれからもしていきたいと思います。

※この本をつくるにあたっては、科研費（20K02165, 21H05174）による研究成果を使用しています。

［編者紹介］

澁谷智子（しぶや　ともこ）

1974年生まれ。成蹊大学文学部現代社会学科教授。

主な著書に、『コーダの世界――手話の文化と声の文化』（2009年、医学書院）、『ヤングケアラーってなんだろう』（2022年、ちくまプリマー新書）、編書に『ヤングケアラー　わたしの語り――子どもや若者が経験した家族のケア・介護』（2020年、生活書院）など。

［執筆者紹介］（執筆順）

會田純平（あいだ　じゅんぺい）

1998年生まれ。東京都立大学大学院人文科学研究科社会行動学専攻社会福祉学教室修士課程修了。

聞こえない人と聞こえる人の接点をコンセプトに2020年からYouTubeに動画投稿をしている。チャンネル名は「コーダtv」。2024年1月時点でチャンネル登録者数は1万人を超える。

安東 明珠花（あんどう　あすか）

1991年生まれ。国際基督教大学卒業、東京大学総合文化研究科言語情報科学専攻博士課程単位満期取得退学。東京大学男女共同参画室特任研究員。「コーダの言語使用とアイデンティティ」をテーマに博士論文を執筆中。NHKドラマ「しずかちゃんとパパ」のコーダ考証担当。

主な著書に『〈やさしい日本語〉と多文化共生』（分担執筆、2019年、ココ出版）、論文に「コーダの手話継承――コーダ同士の語りからの分析・考察」（2022年、『言語文化教育研究』20: 59-73）など。

井戸上 勝一（いどうえ　しょういち）

1996年、奈良県生まれ。関西大学人間健康学部卒業。ろう者の母と盲ろう者の父のもとで育ち、幼少期から身体感覚や文化の違いに触れて育つ。株式会社LITALICOを退職後、ろう児・難聴児の教育事業を推進するNPO法人Silent Voiceの事務局長として経営企画・事業開発に携わる。

田中 誠（たなか　まこと）

1975年生まれ。長岡技術科学大学大学院工学研究科創造設計工学修士課程修了。両親ともにろう者の家庭で育つ。幼少の頃から工作に興味を持ち、機械系の大学に進学。食品会社にエンジニアとして勤務。地域の手話サークルや手話関連のボランティアなどに参加している。J-CODAで事務局を担当。NHKドラマ「しずかちゃんとパパ」のコーダ考証担当。

遠藤しおみ（えんどう　しおみ）

1976年生まれ。手話通訳士。山梨県在住。山梨手話通訳問題研究会（全通研山梨支部）理事。

主な著書に『ヤングケアラー　わたしの語り――子どもや若者が経験した家族のケア・介護』（共著、2020年、生活書院）など。

中津真美（なかつ　まみ）

1968年生まれ。筑波大学大学院人間総合科学研究科博士課程修了。博士（生涯発達科学）。東京大学バリアフリー支援室特任助教。障害のある学生・教職員への支援業務に従事する傍ら、コーダの心理社会的発達研究に取り組む。J-CODAで事務局を担当。NHKドラマ「しずかちゃんとパパ」のコーダ考証担当。

主な著書に『コーダ――きこえない親の通訳を担う子どもたち』（2023年、金子書房）など。

本書のテキストデータを提供いたします

　本書をご購入いただいた方のうち、視覚障害、肢体不自由などの理由で書字へのアクセスが困難な方に本書のテキストデータを提供いたします。希望される方は、以下の方法にしたがってお申し込みください。

◎データの提供形式＝CD-R、フロッピーディスク、メールによるファイル添付（メールアドレスをお知らせください）。

◎データの提供形式・お名前・ご住所を明記した用紙、返信用封筒、下の引換券（コピー不可）および200円切手（メールによるファイル添付をご希望の場合不要）を同封のうえ弊社までお送りください。

●本書内容の複製は点訳・音訳データなど視覚障害の方のための利用に限り認めます。内容の改変や流用、転載、その他営利を目的とした利用はお断りします。

◎あて先
〒160-0008
東京都新宿区四谷三栄町6-5 木原ビル303
生活書院編集部　テキストデータ係

キリトリ線

【引換券】
コーダ
私たちの多様な語り

コーダ　私たちの多様な語り
――聞こえない親と聞こえる子どもとまわりの人々

発　行――――― 2024年2月10日　初版第1刷発行
編　者――――― 澁谷智子
発行者――――― 髙橋　淳
発行所――――― 株式会社　生活書院
〒160-0008
東京都新宿区四谷三栄町6-5 木原ビル303
ＴＥＬ 03-3226-1203
ＦＡＸ 03-3226-1204
振替 00170-0-649766
http://www.seikatsushoin.com
印刷・製本―― 株式会社シナノ

Printed in Japan

ISBN 978-4-86500-166-2

ヤングケアラーってどういうこと？

子どもと家族と専門職へのガイド

ジョー・オルドリッジ【作】ジャック・オルドリッジ・ディーコン【絵】

澁谷智子【監訳】澁谷智子・長谷川拓人【訳】

A5 判並製　64 頁　1300 円（税別）

家族との関係、複雑な思い、ヤングケアラー同士の交流や支援者との関わり方、学校に対する期待、将来への希望……。簡潔な文章とイラストでヤングケアラーの目線から見た基本的な事柄を解説。